Rudolf Korbelius

Der Mittlere Weg für die Praxis
(Anweisungen zu Nāgārjunas Mūlamādhyamakakārikā)

The Middle Way for Practitioners
(Instructions on Nāgārjuna's Mūlamādhyamakakārikā)

Der Mittlere Weg für die Praxis

(Anweisungen zu Nāgārjunas
Mūlamādhyamakakārikā)

The Middle Way for Practitioners

(Instructions on Nāgārjuna's Mūlamādhyamakakārikā)

zweisprachige Ausgabe
tw. verglichen mit den Sanskrit-Texten
und kommentiert sowie mit einer
Begriffsliste Sanskrit Pali Chinesisch

bilingual edition
compared to the Sanskrit texts and
commented on including a list of
Sanskrit Pali Chinese terms

Vajropasaka Sivaka Ke RuDe

Impressum

Bibliografische Information der Deutschen Nationalbibliothek:
Die Deutsche Nationalbibliothek verzeichnet diese Publikation in der Deutschen Nationalbibliografie; detaillierte bibliografische Daten sind im Internet über http://dnb.dnb.de abrufbar.

Herstellung und Verlag: BoD – Books on Demand, Norderstedt

ISBN: 978-3-7543-5719-4

Nāgārjuna (c. 150 – c. 250 CE)

अनिरोधम् अनुत्पादम् अनुच्छेदम् अशाश्वतम्

अनेकर्तम् अनानार्थम् अनागमम् अनिर्गमं

यः प्रतीत्यसमुत्पादं प्रपञ्चोपशमं शिवं

देसयामास स्म्बुद्धः तं वन्दे वदतां वरं

INHALTSVERZEICHNIS

Vorwort *12*

Was Nāgārjuna uns sagen will *18*

Betrachtungsweise *24*

Zwei Hauptrichtungen 26

Was ist zu tun *32*

Studium der Lehre 32

Meditative Schulung 34

Leben in und mit der Lehre 36

Erwachen 38

Analyse der einzelnen Kārikā Kapitel *42*

Struktur 42

1 Ursächlichkeit 46

2 Veränderung 50

3 Sinneswahrnehmung 56

4 Daseinsgruppen 60

5 Elemente 62

6 Realitätserfahrung 68

7 Abhängigkeiten 72

8 Karma 78

9 bereits vorhandenes Subjekt 86

10 Feuer und Brennen 90

11 Saṃsāra 96

12 Leiderfahrung 98

13 Bildekräfte 104

14 Zusammenfinden 110
15 Eigennatur 114
16 Anhaften und Befreiung 120
17 Ursache und Wirkung 124
18 das Selbst 128
19 Zeit 132
20 Totalität 134
21 Entstehen und Vergehen 138
22 Buddhanatur 144
23 Verwirrung 148
24 Wahrheit 154
25 Erlöschen 162
26 Abhängiges Entstehen 166
27 Ansichten 172
Weitere wichtige TExte 178
Śūnyatāsaptati 178
Vigrahavyāvartanī 186
Hastikakṣya Sūtra 194
Śālistamba Sūtra 196
Buddhistische Logik 200
Vergleichstabelle 216

TABLE OF CONTENT

Foreword *13*

Nāgārjunas message to us *19*

Points of View *25*

Two Main Directions 27

What to do *33*

The Study of the Teaching 33

Meditative Training 35

Transformation of the Dharma into our Life 37

Enlightenment 39

Analysis of each of the Kārikā chapters *43*

Structure 43

1 Causality 47

2 Changing 51

3 Sensory Perception 57

4 Aggregates 61

5 Elements 63

6 Reality Experience 69

7 Dependencies 73

8 Karma 79

9 Already Existing Subject 87

10 Fire and Burning 91

11 Saṃsāra 97

12 Suffering 99

13 Conditioning Factors 105

14 Coalescence 111

15 Self-nature 115

16 Bondage and Release 121

17 Cause and Effect 125

18 about Self 129

19 Time 133

20 Totality 135

21 Rising and Passing 139

22 Buddha nature 145

23 Confusion 149

24 Truth 155

25 Final Liberation 163

26 Dependent Arising 167

27 Views 173

Other important Texts 179

Śūnyatāsaptati 179

Vigrahavyāvartanī 187

Hastikakṣya Sūtra 195

Śālistamba Sūtra 197

Buddhist Logic 201

Comparision Chart 216

Auf den nun folgenden Seiten befindet sich die deutsche Textausgabe immer links auf den geraden Seiten.

On the following pages, the English text is always on the right-hand side on the odd pages.

Since I am not a native speaker, it is possible that there are sometimes strange formulations. The kind reader should please tolerate this.

Präambel

Der Mittlere Weg ist die zentrale Philosophie des Buddhismus. Ausgearbeitet und detailliert wurde sie im zweiten Jahrhundert u. Z. durch den großen Gelehrten und Praktizierenden Nāgārjuna. Warum sprach Nāgārjuna über Bedingtes Entstehen (pratītyasamutpāda) und Leerheit (śūnyatā)? Sein Anliegen war es nicht über die Realität der Welt zu philosophieren, sondern unsere falschen Ansichten über diese Welt zu zerstreuen. Falsche Ansichten sind die Wurzel aller Unzufriedenheit. Sie sind in unserem Unwissen verankert. Unwissen (avidyā) ist die treibende Kraft für unsere Begehren (tṛṣṇā) und unsere Aversionen (dveṣa).
Nāgārjuna zeigt uns daher einen Ausweg aus dieser endlosen selbst verursachten Unzufriedenheit (duḥkha). Er leugnet eine innewohnende Eigennatur aller Erscheinungsformen (svabhāva), nicht aber die eigentliche Existenz der Erscheinungsformen.

Alle Erscheinungsformen sind der Konditionalität (paratantra) und der Kausalität (parāparasiddha) unterworfen.

Um die Aussagen Nāgārjunas besser verstehen zu können, ist es jedoch auch erforderlich sich mit zwei weiteren Themenbereichen auseinander zu setzen. Einerseits mit den Prajñāpāramitā Texten und andererseits mit der Buddhistischen Logik (nach Dignāga und Dharmakīrti).

Preamble

The Middle Way is the central philosophy of Buddhism. It was elaborated and detailed by the great scholar and practitioner Nāgārjuna in the second century C.E. Why did Nāgārjuna talk about dependent arising (pratītyasamutpāda) and emptiness (śūnyatā)? His concern is not to philosophize about the reality of the world, but to dispel our wrong views about this world. Wrong views are the root of all dissatisfaction; they are anchored by our ignorance. Ignorance (avidyā) is the driving force behind our desires (tṛṣṇā) and our aversions (dveṣa).
Nāgārjuna therefore shows us a way out of this endless self-inflicted suffering (duḥkha). He denies an intrinsic self nature of all manifestations (svabhāva), but not the actual existence of the manifestations.

All manifestations are subject to conditionality (paratantra) and causality (parāparasiddha).

In order to better understand the statements of Nāgārjuna, however, it is also necessary to deal with two other subject areas. On the one hand with the Prajñāpāramitā texts and on the other hand with the Buddhist logic (according to Dignāga and Dharmakīrti).

Doch auch in der modernen heutigen Welt gibt es Ansätze und Tendenzen eine bessere Sichtweise auf die Welt der Phänomene und Erscheinungen zu erlangen. Wir stellen fest, dass es unter den verschiedenen naturwissenschaftlichen Disziplinen augenscheinlich die moderne Physik ist, welche sich in ähnlicher Weise mit Erklärungen zur Welt und einer veränderten Sichtweise auseinander setzt. Grundsätzlich fragt Physik nicht nach dem „was" sondern nach dem „wie" der Welt. Sie untersucht Zusammenhänge und leitet daraus Gesetzmässigkeiten ab. Nun haben die Erkenntnisse der Relativität mit Einsteins Relativitätstheorie sowie auch die Quantenmechanik und Quantenstruktur einen Wandel innerhalb der Physik hervorgebracht. Damit rückt die Sichtweise der Physik stark in Richtung einer Sichtweise, wie sie uns bereits durch den „Mittleren Weg" innerhalb des Buddhismus formuliert wurde.

„Die Quantenmechanik ist eine mathematische Symbolik, die das Ergebnis von Experimenten probabilistisch vorhersagen soll." Niels Bohr 1927

Werner Heisenberg 1955 über Quantentheorie
„.. kein Naturbild mehr, sondern ein Bild unserer Beziehung zur Natur ...".

Die moderne Physik hat die Sichtweise auf Objekte und Phänomene durch eine Analyse auf Prozesse, Beziehungen und Ereignisse ersetzt.

But even in today's modern world there are approaches and tendencies to get a better view of the world of phenomena and appearances. We find that, among the various scientific disciplines, it is apparently modern physics that deals in a similar way with explanations of the world and a changed point of view. Basically, physics does not ask about the "what" but about the "how" of the world. It examines relationships and derives regularities from them. Now the knowledge about relativity with Einstein's theory of relativity and then the concepts of quantum mechanics and quantum structure has brought about a change within physics. With this, the view of physics moves strongly in the direction of a view as it was already formulated for us through the "Middle Way" within Buddhism.

„Quantum mechanics is a mathematical symbolism intended to predict probabilistically the outcome of experiments" Niels Bohr 1927

Werner Heisenberg in 1955 about quantum theory *"... no longer an image of nature, but an image of our relationship with nature...".*

Modern physics has replaced the view of objects and phenomena with an analysis of processes, relationships and events.

VORWORT

Die „Lehrstrophen über die grundlegenden Lehren des Mittleren Weges“ (mūlamādhyamakakārikā) ist das wesentlichste und ausführlichste Werk Nāgārjunas für das Studium des „Mittleren Weges“. Doch warum sollte man sich damit auseinandersetzen? Was ist die Auswirkung auf unsere tägliche Praxis, wie können wir dieses Wissen bzw. diese Betrachtungen so aufnehmen, dass sie nicht Theorie bleiben, sondern uns im praktischen Bestreben auf dem Weg des Dharma hilfreich und unterstützend sind?

Drei wesentliche Bereiche sind als Praktizierender stets zu beachten und zueinander in Balance zu halten.

*** Studium der Lehre - prajñā**

Erkennen, Einsicht, Wissen, Weisheit

*** Meditative Schulung - samādhi**

Sammlung, Konzentration, Reflektion

*** Leben in und mit der Lehre – śīla**

Sittlichkeit, heilsame Lebensführung, Achtsamkeit

So wie ein Vogel zwei Flügel benötigt, um sich in die Lüfte zu erheben, so müssen wir Studium und Meditation in Einklang bringen, damit sich in unserem täglichen Leben die heilsamen Aspekte des Dharma manifestieren können. Studium ohne Sammlung und Innenschau ist fast immer reine Phantasie oder nur Ego verstärkendes Wissen und führt zu unheilvollen Handlungen und deren Auswirkungen.

FOREWORD

The "root verses on the teachings of the Middle Way" (mūlamādhyamaka-kārikā) is the essential and most detailed work of Nāgārjuna for the study of the "Middle Way". But why should you deal with it? What is the impact on our daily practice, how can we absorb this knowledge or these considerations in such a way that they do not remain theory, but are helpful and supportive in our endeavor and practice on the path of the Dharma?

As a practitioner, three essential areas must always be observed and kept in balance.

* **The Study of the Teaching – prajñā**
understanding, insight, knowledge, wisdom
* **Meditative training - samādhi**
contemplation, concentration, reflection
* **Transformation of the Dharma into our life – śīla**
morality, wholesome lifestyle, awareness

Just as a bird needs two wings to rise up in the sky, we need to balance study and meditation so that the wholesome aspects of the Dharma can manifest in our daily live. Studying without contemplation and awareness training is either pure fantasy or just ego-strengthened knowledge and leads to unwholesome actions and their effects.

Meditation ohne das Korrektiv des Intellekts und Wissens kann allzu leicht in spekulative Bereiche abdriften und uns den Bezug zur gelebten Realität vernebeln. Erst beides im rechten Maße zusammen befruchtet unser Leben hier als Mensch in unserer Zeit, in unserer Gesellschaft, in unserer momentanen Position im täglichen Leben.
Daher stellt sich zwangsläufig die Frage: Wie kann man Unterweisungen, die so theoretisch erscheinen, nutzen und im täglichen Leben anwenden. Genau dieser Frage soll hier nachgegangen werden. Bezugnehmend auf das Werk Nāgārjunas, werden hier Anregungen gegeben, die uns motivieren sollen buddhistisches Wissen in unsere tägliche Praxis aufzunehmen, damit es zur gelebten Wirklichkeit werden kann.

Nāgārjunas Anliegen war es offensichtlich uns zu Rechtem Erkennen zu verhelfen. Und dieses Rechte Erkennen ist der Weg der Praxis, denn es ist ja auch der erste Schritt auf dem Achtfachen Pfad des Dharma.
Das heißt, auf den nachfolgenden Seiten werden wir die einzelnen Kapitel des Mittleren Weges, so wie sie uns von Nāgārjuna in seinen umfangreichen Werk übermittelt wurden, betrachten und deren Relevanz für eine Anwendung im täglichen Leben skizzieren. Dies ist bei Weitem keine vollständige Sammlung von Anweisungen und muss daher durch eigene persönliche Erfahrungen erweitert, verbessert, vielleicht auch korrigiert werden. Was hier aufgezeigt wird, dient vorwiegend dem Zweck intellektuelles Studium nicht im Theoretischen zu belassen, sondern sich immer der Herausforderung zu stellen:

Meditation without the corrective of using our intellectual capacity and knowledge can easily drift off into speculative areas and veil the connection to the reality we are living in. Therefore, the question inevitably arises: how can one use instructions that appear so theoretical and apply them in everyday life. This is exactly the question to be examined here. With reference to Nāgārjuna's work, suggestions are given here that should motivate us to incorporate Buddhist knowledge into our daily practice so that it can become a living reality.

Obviously, Nāgārjuna's concern was to help us achieve right knowledge. And recognizing this right knowledge is the way of practice, because it is also the first step on the Eightfold Path of Dharma. On the following pages the chapters of the Middle Way, as they were given to us by Nāgārjuna in his extensive work, are examined and their relevance for our daily life is outlined.
This is by no means a complete advisory guide and should be expanded, improved, perhaps even corrected through your own personal experiences. What is shown here serves the purpose of not letting intellectual studies get caught up in theory, not leaving knowledge isolated, but always facing up to the challenge:

„Was bedeutet diese Erkenntnis für mich unmittelbar, in meinem Erleben und meinem Umgang mit der Welt in der ich lebe – in meiner Lebensführung?“.

Die Texte des Buddhadharma der großen Lehrer und Meister der Vergangenheit wurden nicht verfasst, um eine Philosophie zu begründen oder neue Theorien über die Welt aufzustellen, sie sind das Resultat einer gelebten Praxis und damit Wegweiser, Ansporn, Inspiration und Hilfsmittel für alle die den Weg der Praxis nachvollziehen wollen. Sutras und Kommentartexte sind daher keine philosophischen Abhandlungen sondern in diesem Sinne Inspirationsquellen und beinhalten oft auch konkrete Anweisungen zur Praxis.

"What does this knowledge mean for me directly, in my experience and in my behavior with the world I live in - for my way of life?"

The Buddhadharma texts of the great teachers and masters of the past were not written to establish a philosophy or to propose new theories about the world. They are the result of a lived practice and thus guides, incentives, inspiration and assistence for everyone who wants to follow the path of practice. Sutras and commentary texts are therefore not philosophical treatises but in this sense rather sources of inspiration and often also contain concrete instructions for practice.

anirodham anutpādam anucchedam aśāśvatam,
anekārtham anāgamam anirgamam,
yaḥ pratītyasamutpādaṃ prapañcopaśamaṁ śivam,
deśayāmāsa saṁbuddhas taṁ vande vadatāṁ varam.

Ohne Entstehen und ohne Vergehen, nicht unterbrochen und nicht ewig; weder vielfältig noch eins seiend, ohne Kommen und ohne ein Gehen; wer so das gleichzeitige Entstehen in Abhängigkeit des Seins und sein zur Ruhe kommen lehren kann; dem höchsten aller Lehrer, dem Vollkommenen Buddha, bringe ich meine Verehrung dar.

Es geht um unsere Sichtweise auf die Welt und auf uns selbst. Alles was wir erfahren und wahrnehmen, ist letztlich gefärbt durch unsere Ansichten, unsere Interpretation und unsere momentanen Möglichkeiten der Wahrnehmung. Wobei wir uns daran erinnern sollten, dass der Buddhismus neben den bekannten fünf Sinnen wie Sehen, Hören, Riechen, Schmecken und Tasten, auch das Denken als eine Sinnes-Tätigkeit betrachtet.

Die Welt die wir erleben und erfahren ist die Welt unserer Sinneserfahrung, vermischt mit der Interpretation und Kategorisierung unseres Denkens und Empfindens.

Die Welt die wir z.B. sehen und hören, ist jene Welt deren Frequenzen uns als sichtbares Licht und als akustisches Signal erreichen. Andere Frequenzen können wir auf diese Weise nicht wahrnehmen.

NĀGĀRJUNAS MESSAGE TO US

anirodham anutpādam anucchedam aśāśvatam,
anekārtham anāgamam anirgamam,
yaḥ pratītyasamutpādaṃ prapañcopaśamaṁ śivam,
deśayāmāsa saṁbuddhas taṁ vande vadatāṁ varam.

Without arising and without passing away, not interrupted and not eternal; neither differentiated nor being one, without coming and without going; to him who can teach this simultaneous depending arising and its coming to an end, I bow down to the highest of all teachers, the Perfect Buddha.

It is about our view of the world and us. Everything we experience and perceive is ultimately colored by our views, our interpretation and our current possibilities of perception. We should remember that Buddhism also sees thinking as a sensory experience in addition to the well-known five senses such as seeing, hearing, smelling, tasting and touching.

The world we experience is the world of our sensory experience mixed with the interpretation and categorization of our thinking and feeling.

For example, the world we see and hear is the world whose frequencies reach us as visible light and as an acoustic signal. We cannot perceive other frequencies in this way.

Bienen orientieren sich an ultraviolettem Licht, für uns unsichtbar. Fledermäuse orientieren sich am Ultraschall, für uns unhörbar.
Aber auch unser Gewahrsein, dass heißt die Beurteilung von Wichtigem und Unwichtigem, ist gefärbt durch unsere Ansichten und Meinungen, unser Wissen und unsere Erinnerungen.
Hier fallen natürlich die Bereiche Sozialisation, Religion, Moral und Ethik usw. zusammen, also das gesamte Spektrum unseres Verhaltenskodex.

Unsere Weltsicht ist die Brille durch die wir die Welt und alles, auch uns selbst, betrachten und erkennen. Jede Wahrnehmung beinhaltet somit eine Differenzierung und blendet den Rest aus. In unserer Unwissenheit nehmen wir die für uns erkennbaren Erscheinungsformen als in sich selbst bestehend und als eigenständige Objekte und Formen an. In dieser Illusion liegt die Ursache all unserer Leiderfahrung begründet. Wir interpretieren ständig und sind enttäuscht, wenn unsere Interpretation nicht der Wirklichkeit entspricht – sie kann es nie, da es eine Interpretation ist und bleibt.

Wir müssen daher das Denken in Subtanzbegriffen durch ein Denken in Bedingtheiten korrigieren. „Die Welt per se ist nicht – sie findet ständig neu statt!“
Abhängige Entitäten können daher nicht auf unabhängige Substanzen zurückgeführt werden. Die Welt und ihre Erscheinungen sind ohne Eigennatur, da sie immer nur aus verursachenden und in sich selbst wesenlosen Bedingungen oder Voraussetzungen hervorgehen (pratītyasamutpāda).

Bees are guided by ultraviolet light, invisible to us. Bats are guided on ultrasound, inaudible to us. But also being aware, by evaluating the important and the unimportant, is colored by our views and opinions, our knowledge and our memories. Here, of course, the areas of socialization, religion, morality and ethics, etc. become relevant, thus the whole spectrum of our code of conduct.

Our worldview is the glasses through which we view and recognize the world and everything, including ourselves. Each perception thus contains a differentiation and hides the rest.
In our ignorance, we accept the manifestations that are recognizable to us as existing in themselves and as an independent object and form. This illusion is the cause of all our suffering. We are constantly interpreting and we are disappointed if our interpretation does not correspond to reality - it never can because it is and remains an interpretation.

We must therefore correct thinking in terms of substance by thinking in terms of relationships. "The world does not exist per se - it manifests itself continuously!"
Dependent entities therefore cannot be traced back to independent substances. The world and its appearances are without an intrinsic nature, since they always arise only from conditions or presuppositions that are causal and in themselves inessential (pratītyasamutpāda).

Folglich tragen sie kein eigenständiges Sein in sich. Alle Erscheinungsformen (dharma), auch die Person an sich, sind ohne inhärente Existenz (svabhāva); sie sind letztlich leer (śūnya). Diese illusionäre Eigennatur ist aber kein Nichts, denn ein angenommenes Nichts wäre ja auch ein Etwas und somit als ein eigenständiges Sein zu qualifizieren.

„Alles existiert – das ist ein Extrem, nichts existiert - das ist ein anderes Extrem. Keines der beiden anzunehmen, so lehrt der Tathagata den Mittleren Weg."

Samyutta Nikaya 12,15 kaccayanasutta

Jeder Erklärungsversuch eine Philosophie der Transzendenz zu begründen und verifizierbar zu festigen bleibt ungenügend, da eine solche Philosophie aus der Methodik und dem Bereich des Empirischen / Nicht-Transzendenten nie herauskommen kann. Daher kann man Mādhyamaka als die Systematisierung der Śūnyatā Lehre der Prajñāpāramitā ansehen. Die Methode Nāgārjunas besteht vor Allem darin Ansichten und Aussagen durch widersprüchliche weitere Ansichten und Aussagen zum selben Thema zu widerlegen, ohne dabei dieses Thema mit einer neuen Ansage zu unterlegen.

Im Laufe der geschichtlichen Entwicklung der Lehre des Mittleren Weges (mādhyamaka) wurden zwei Richtungen formuliert. Beide Richtungen sind in Übereinstimmung mit Nāgārjuna, haben aber unterschiedliche Methoden der Herangehensweise hervorgebracht. Diese zwei Richtungen wurden dann in späterer Zeit als die beiden Sichtweisen Prasaṅgika Mādhyamaka sowie als Svātantrika Mādhyamaka bezeichnet.

Consequently, they do not have an independent nature within themselves. All manifestations (dharma), including the person per se, have no inherent existence (svabhāva); they are ultimately empty (śūnya). This illusory self-nature is not nothingness, because an assumed nothingness would also be something and thus will qualify it as an independent being.

"Everything exists - that is one extreme, nothing exists - that is another extreme. The Tathagata teaches the Middle Way to accept neither of the two."

Samyutta Nikaya 12,15 kaccayanasutta

Every attempt to explain a philosophy of transcendence and to establish it in a verifiable manner remains insufficient, since such a philosophy can never come out of the methodology and the area of the empirical / non-transcendent. Therefore Mādhyamaka can be seen as the systematization of the Śūnyatā teaching of the Prajñāpāramitā. Nāgārjuna's method mainly consists in refuting views and statements by contradicting further views and statements on the same topic without substantiating this topic with a new view or statement (thesis). In the course of the historical development of the teaching of the Middle Way (mādhyamaka) two directions were formulated. Both directions are in line with Nāgārjuna, but have produced different methods of approach.

These two directions were later referred to as the two perspectives Prasaṅgika Mādhyamaka and Svātantrika Mādhyamaka.

BETRACHTUNGSWEISE

AUSGANGSPUNKT

Um die Betrachtungsweise in den Texten von Nāgārjuna besser zu verstehen, ist es notwendig auch einen Einblick in die Lehren seiner Zeit zu gewinnen. Nāgārjuna argumentiert in seinen Versen oft gegen die Ansichten der Sautrāntika und Sarvāstivāda.

Sautrāntika – jene welche sich auf die Sutren beziehen (im Gegensatz zu den Abhidharma Schulen)

Dies ist eine Schule des frühen indischen Buddhismus (ca 150 v.Chr. bis 11./12. Jhd.) und steht am Übergang zum Mahayana. Sie berufen sich ausschließlich auf das Buddhawort (sūtrapiṭaka) und lehnen den Abhidharma und das Vinaya als Bezug ab. Ihre Lehren leben zum Teil im Vajrayana und chinesischen Chan Buddhismus fort. Sie vertraten die Lehre bezüglich Vergänglichkeit (kṣaṇikavāda).

Alle Elemente der Wirklichkeit sind momentane Erscheinungen in unserer phänomenalen Welt. Sie existieren nur im Augenblick, jeden Augenblick wechselnd und sind ohne Eigennatur. Nur die momentan in Erscheinung tretenden Elemente der Wirklichkeit (dharma) sind real, eine andere Wirklichkeit der Erscheinungsweisen gibt es nicht. Jede Existenz ist ausschließlich nur eine Abfolge von Momenten und eine Dauer gibt es nicht. Träger dieser Abfolge d.h. die Person ist in ihrem Bewusstsein begründet, welches jenseits der Zeiten existiert.

POINTS OF VIEW

STARTING POINT

In order to better under the point of view in the texts of Nāgārjuna, it is necessary to gain an insight into the teachings of his time. Nāgārjuna often argues against the views of the Sautrāntika and Sarvāstivāda in his verses.

Sautrāntika - those related to the sutras (as opposed to the Abhidharma schools)

This is a school of early Indian Buddhism (approx. 150 BC to 11th / 12th century) and is at the transition to Mahayana. They refer exclusively to the Buddha word (sūtrapiṭaka) and reject the abhidharma and vinaya as references. Some of their teachings live on in Vajrayana and chinese Chan Buddhism. They held the teaching on impermanence (kṣaṇikavāda).

All elements of reality are momentary appearances in our phenomenal world. They exist only in the moment, changing every moment and are without their own nature. Only the momentarily emerging elements of reality (dharma) are real, there is no other reality of the modes of appearance. Every existence is only a sequence of moments and there is no duration.
Bearer of this sequence, or rather the person itself is founded in their consciousness, which exists beyond the times.

Sarvāstivāda – jene welche die Existenz der Erscheinungsweisen bejahen
Sie werden auch Vaibhāṣika genannt.

Alle bedingten Erscheinungweisen (saṃskṛta dharma) existieren und können in Gruppen und Wurzelklassen (hetu) zusammengefasst werden. Es gibt jedoch keine permanente Eigensubstanz im Individuum. Die Wesen existieren jenseits der empirischen erfassbaren Erscheinungsform.
Die Zeiten existieren real als ein Kontinuum gleichzeitig und erscheinen uns als Vergangenheit, Gegenwart und Zukunft.

Dies war die bedeutendste der Schulen des frühen Buddhismus und in Zentral- und Nordwestindien stark verbreitet. Sie beeinflusste stark die Entwicklung des Mahayana und wirkte bis nach China, Tibet sowie nach Japan und Indonesien.

ZWEI HAUPTRICHTUNGEN

PRASAṄGIKA MĀDHYAMAKA

Aussagen werden durch Fehler in der Logik werden als widersinnig aufgezeigt (vertritt die Methodik des reductio ad absurdum).

Alle Begrifflichkeiten sind für eine Annäherung an die wahre Wirklichkeit nutzlos. Begriffe wie „es ist" und „es ist nicht" sind konventionell oder nur eine gängige Bezeichnung. Man kann keine definitiven Aussagen machen, auch nicht über das Ich bzw. über ein Geist-Bewusstsein.

Sarvāstivāda - those who affirm the existence of the entities and objects
They are also called Vaibhāṣika.

All conditioned modes of appearance (saṃskṛta dharma) exist and can be summarized in groups and root classes (hetu). However, there is no permanent substance in the individual.
The beings exist beyond the empirical, tangible appearance.
Times actually exist as a continuum and appear to us as past, present and future.

This was the most important of the early Buddhist schools and was widespread in central and northwestern India. It strongly influenced the development of Mahayana and spread to China, Tibet and as far as Japan and Indonesia.

TWO MAIN DIRECTIONS

PRASAṄGIKA MĀDHYAMAKA

Statements are shown as absurd due to errors in the logic (represents the methodology of the reductio ad absurdum).

All concepts are useless for an approximation to the true reality. Terms such as "it is" and "it is not" are purely conventional or just a common term. You cannot make definitive statements, not even about the self or a mind-consciousness.

Der Buddha schwieg zu metaphysischen Fragen. Jede Antwort auf solche Fragen, egal ob zustimmend oder verneinend, würde die Frage selbst, d.h. die zu Grunde liegende These als legitim einstufen. Buddhapālita hält dieses Schweigen, das Nicht-Erörtern für legitim und vertritt damit den Standpunkt des „nicht Erörterns".

Fragen die bereits auf unrealistischen Annahmen beruhen, kann man nicht beantworten. Die Frage, ob die Hörner eines Hasen gerade oder krumm sind, kann nicht beantwortet werden, außer wir bleiben im Bereich der Vermutung und Phantasie, da ein Hase keine Hörner hat. Dies ist die Sichtweise des Buddhismus auf die Aussagen einer Metaphysik.

Keine Position repräsentiert somit eine endgültige Wahrheit, auch nicht die Formulierungen des Prasaṅgika selbst. Diese Formulierungen dienen nur dem Zweck anderen Ansichten zu entgegnen und logische Fehler aufzuzeigen, jedoch nicht um eine definitive Antwort stattdessen zu formulieren.

Später wurde dies zur bestimmenden Lehrmeinung unter Candrakirti und damit entstand die buddhistische Schule des Prasaṅgika Mādhyamaka. Weitere bedeutende Vertreter dieser Schulrichtung sind Buddhapālita und Śāntideva.
Prasaṅgika Mādhyamaka ist heute die vorherrschende Lehre in der Schule der Gelugpa und auch das zentrale Element in deren Wissens-Schulung.

The Buddha kept silent on metaphysical questions. Any answer to such questions, whether affirmative or negative, would legitimate the question itself, i.e. classify the underlying thesis as okay. Buddhapālita considers this silence, the non-discussion, to be legitimate and thus represents the position of "not discussing".

Questions that are already based on unrealistic assumptions cannot be answered. The question of whether a hare's horns are straight or crooked cannot be answered unless we remain in the area of guesswork and imagination because a hare has no horns. This is the Buddhist view on metaphysics.

No position therefore represents a final truth, not even the wording of the Prasaṅgika itself. Its formulations only serve the purpose of countering other views and showing logical errors, but not to formulate a definitive answer instead.

This later became the dominant doctrine under Candrakirti and thus the Buddhist school of Prasaṅgika Mādhyamaka came into being. Prasaṅgika Important representatives of this school are also Buddhapālita and Śāntideva.
Mādhyamaka is the predominant teaching in the Gelugpa School and is also the central element in their knowledge-training.

Aussagen werden logisch begründet und mit Argumenten und Syllogismen unterlegt (vertritt die Methodik der logischen Schlussfolgerung).

Über die wahre Natur des Ich und der Erscheinungen kann man folgern. Mit Bhāvaviveka wurde die indische Logik in die Interpretation Nāgārjunas aufgenommen. Somit verfolgt man gemäß Dignāga und Dharmakīrti zusätzlich einen erkenntnis-theoretisch-logischen Ansatz (pramāṇasamuccaya).

Prasaṅgika Mādhyamaka scheint unvollständig, da es keine eigenen Argumente hervorgebracht hat. Man kann eigene Argumente zur Beweisführung sehr wohl anführen, wenn diese einem Syllogismus folgen.

Alle Erscheinungsformen existieren nur konventionell und nicht absolut. Daher ist es zweckmäßig Begrifflichkeiten festzulegen. Man unterscheidet zwischen einer Beschreibung der Wirklichkeit, einer konventionellen Wahrheit (saṃvṛtisatya) und der Wirklichkeit selbst, die nicht beschreibbar bleibt (paramārthasatya). Für eine Annäherung an die Wahrheit ist eine konventionelle Wahrheit aber sinnvoll und notwendig.

Damit entstand das Svātantrika Mādhyamaka. Diese Interpretation Nāgārjunas findet sich vorwiegend in der Nyingma und Kagyu Schule und ist eng mit dem Yogācāra oder Vijñānavāda verknüpft.
Bedeutende Vertreter dieser Schulrichtung sind Bhāvaviveka sowie Śāntarakṣita und Kamalaśīla.

Statements are logically justified and backed up with arguments and syllogisms (represents the logical conclusion methodology).

One can draw conclusions about the true nature of the Self. With Bhāvaviveka, Indian logic was included in Nāgārjuna's interpretation.
Thus, according to Dignāga and Dharmakīrti, one additionally pursues an epistemological-logical approach (pramāṇasamuccaya).

Prasangika Mādhyamaka seems incomplete because it has not produced its own arguments. You can very well put forward your own arguments to provide evidence if they follow a syllogism.

All manifestations exist only conventionally and not absolutely. It is therefore advisable to define terms. A distinction is made between a description of reality, a conventional truth (saṃvṛtisatya) and true reality itself which cannot be described (paramārthasatya). However, a conventional truth is useful and necessary for an approximation to the truth.

The Svatantrika Mādhyamaka was born. This interpretation of Nāgārjuna is found mainly in the Nyingma and Kagyu schools and is closely linked to the Yogācāra or Vijñānavāda.
Important representatives of this school are Bhāvaviveka as well as Śāntarakṣita and Kamalaśīla.

WAS IST ZU TUN

STUDIUM DER LEHRE

Die Rechte Anschauung (samyak dṛṣṭi) und die Rechte Gesinnung (samyak saṃkalpa) sind die ersten beiden Glieder des Edlen Achtfachen Pfades (arya aṣṭangika mārga). Sie führen letztlich zu Einsicht und Weisheit. Wir sollten unsere Beweggründe hinterfragen und versuchen zu verstehen warum wir so und nicht anders agieren und reagieren.

Der Intellekt ist neben der Welt unserer Emotionen, der Intuition und der meditativen Erfahrung ein wesentlicher Faktor für unsere Handlungsweise und beeinflusst natürlich auch unsere Entscheidungen. Verstehen und Wissen formt unsere Sichtweisen und bestimmt uns daher in unseren Handlungen und Bewertungen, in unseren Entscheidungen. Wissen wird zur Anschauung und Gesinnung und schafft somit jenen Teil der Welt, den wir erfahren und in dem wir leben. Die Lehre des Buddha ist in ihrer Formulierung weitgehend eine intellektuelle Herausforderung, weil sie festgefahrene Meinungen und Ansichten, die wir in uns haben, in Frage stellt und umstürzt. Daher ist Studium und intellektuelles Verstehen ein wichtiges Korrektiv und eine Stütze für uns auf dem Weg der Selbstfindung.

Der durch die Zeiten formulierte Dharma gleicht einer ausgebreiteten Landkarte, um uns einen Weg zu zeigen. Diese Landkarte des Dharma sollten wir benutzen, um unsere bisher verwendete und selbst

WHAT TO DO

THE STUDY OF THE TEACHING

Right point of view (samyak dṛṣṭi) and right intention (samyak saṃkalpa) are the first two parts of the Noble Eightfold Path (arya aṣṭangika mārga). They ultimately lead to insight and wisdom. We should question our motives and try to understand why we act and react in this way and not otherwise.

The intellect is an essential factor for our way of acting, in addition to the world of our emotions, intuition and meditative experience. And of course it also influences our decisions. Understanding and knowledge strengthen our mindset and therefore determine us in our actions and evaluations, in our decisions. Knowledge becomes our preferred point of view and intention and creates the part of the world that we experience and in which we live. The Buddha's teaching is largely an intellectual challenge in its formulation because it questions and overturns the stuck opinions and views that we have within us. Therefore, study and intellectual understanding is an important corrective and a support for us on the way to self-realisation.

The Dharma formulated through the times is like a map spread out before us to show us a way. We should use this map of the Dharma to replace our previously used and self-drawn map. Our own map is based on assumptions, wishes, fantasies and ignorance (avidyā).

gezeichnete Karte zu ersetzen. Unsere Karte beruht nämlich auf Annahmen, Wünschen, Phantasien und Unwissenheit (avidyā). Sie zeichnet uns einen Weg, der keinen Anspruch auf Gewissheit hat, das gewünschte Ziel der klaren Weisheitsschau, nennen wir es Erleuchtung, zu erreichen. Denn auch die Vorstellung des Zieles unserer Wegstrecke ist letztlich eine Vorstellung, deshalb sollten wir die Landkarte des Dharma studieren.
Aber so wie wir eine Landkarte nur dann verwenden können, wenn wir mit ihren Symbolen und Bezeichnungen vertraut sind, genau so kann uns der Dharma nur dann Hilfe und Anleitung sein, wenn wir seine Formulierungen, seine Begriffe inhaltlich verstehen und ihren Wert bezüglich deren Anwendung erfasst haben. Darum ist Wissen, Studium und Verstehen in gewissem Grade unerlässlich.

Die Aufgabe ist es aber vorrangig nicht ein Gelehrter zu werden, sondern ein Praktizierender, der seine Übung durch Wissen und Einsicht festigt.

MEDITATIVE SCHULUNG

Jedes intellektuelle Studium bleibt jedoch fahle Theorie, wenn es nicht verinnerlicht wird. Nahrung, die wir aufnehmen, muss letztlich verdaut werden, damit sie ihre Wirkstoffe an unseren Körper abgibt.

Deshalb benötigen wir neben jedweden Studium buddhistischer Texte, eine Methode der „Verdauung“ und Assimilierung in unseren „Körper“.

It shows us a path that cannot claim to be certain to achieve the desired goal of a clear vision of wisdom that we will call enlightenment. Since our idea of the destination of our route is itself an idea too, therefore we should study the map of the Dharma.

But just as we only can use a map if we are familiar with its symbols and naming conventions, so the Dharma can only help and guide us if we understand its formulations, its terms and understand their value of usage. Therefore, knowledge, study and understanding are, to some extent, essential.

The task is primarily not to become a scholar, but to become a practitioner who consolidates his practice through knowledge and insight.

MEDITATIVE TRAINING

However, any intellectual study remains pale theory if it is not internalized. Food that we ingest must ultimately be digested so that it releases its active ingredients into our body.

Therefore, in addition to studying Buddhist texts, we need a method of "digestion" and assimilation into our “body”.

Diese Methode ist die Schulung der Achtsamkeit, die Konzentration und Meditation.

Die Versenkung sowie Fixierung der Geistestätigkeit beinhaltet unterschiedliche Stufen der Praxis (samyak vyāyāma, samyak smṛti, samyak samādhi).
Einerseits geht es um die Beruhigung des Geistes (śamatha) und andererseits um die Entwicklung von Einsicht (vipaśyanā). Beides sind unerlässliche Methoden, um angehäuftes Wissen zu verinnerlichen, damit es sich in unserer Lebensführung auswirken kann.

LEBEN IN UND MIT DER LEHRE

Nicht das Entfliehen aus den Bedingungen und Umständen unseres Lebens ist das Ziel, sondern das wirklichkeitsgemäße Erkennen der Welt in der wir leben und somit unserer selbst.

Dazu ist es jedoch unabdingbar eine heilsame Lebensführung zu gestalten, damit sich, Verstrickungen und Hemmnisse nicht vermehren sondern schwinden (samyak vācā, samyak karmānta, samyak ājīva).
Bedingungen denen wir momentan unterworfen sind, können wir nicht aufheben, wir können sie manches Mal lindern oder ihnen ausweichen – wesentlich aber ist es sie von Angesicht zu Angesicht zu erkennen und lernen mit ihnen umzugehen.

Unsere Reaktion auf das Leben und seine Ereignisse, die uns ständig betreffen, muss in Achtsamkeit

This method is training mindfulness, concentration and meditation.

The introspection and focusing of mental activity includes different levels of practice (samyak vyāyāma, samyak smṛti, samyak samādhi).
On the one hand it is about calming the mind (śamatha) and on the other hand it is about developing insight (vipaśyanā). Both are essential methods to internalize accumulated knowledge so that it can affect our way of life.

TRANSFORMATION OF THE DHARMA INTO OUR LIFE

The goal is not to escape from the conditions and circumstances of our life, but to realistically recognize the world in which we live and thus ourselves.

To do this, however, it is essential to design a wholesome lifestyle so that entanglements and obstacles do not multiply but rather disappear (samyak vācā, samyak karmānta, samyak ājīva).
We cannot eliminate the conditions to which we are currently subjected, we can alleviate them sometimes or avoid them - but the important thing is to recognize them face to face and learn to deal with them.

Our reaction to life and its events, which affect us constantly, must be mindful and we should walk through life with awareness.

erfolgen und wir sollen klar bewusst durchs Leben schreiten.

Das bedingt natürlich einen gewissen Rückhalt. Und dieser Rückhalt kann durch Studium und Meditation erworben werden.

Lebensführung im Sinne des Dharma ist achtsamer Umgang mit uns selbst und dem Leben an sich. Wir müssen uns ungeschminkt und nackt gegenübertreten, damit wir die verkrusteten Mauern, die wir aus Unwissenheit ständig aufrichten, durchschauen und niederreißen.

ERWACHEN

Erwachen ist das wirklichkeitsgemäße Erkennen. Es findet nicht irgendwo statt, sondern ist ein Zustand der Einsicht und Klarsicht im Hier und Jetzt.

Vor der Erleuchtung sind Berge Berge und Wälder Wälder. Nach der Erleuchtung sind Berge Berge und Wälder Wälder. So lautet ein Spruch des Chan Buddhismus.

Die Welt (saṃsāra) und ihre Bedingungen denen wir ausgesetzt sind bleiben Bedingungen. Was sich jedoch durch ein Erleuchtungserlebnis, ein Erwachen, ändert ist unsere Reaktion auf die Bedingungen dieser Welt, denen wir ausgesetzt sind. Unsere Sicht auf diese Welt ist nicht mehr getrübt und wir erkennen diese Welt wirklichkeitsgemäß.

Das ist es, was uns Nāgārjuna mit seiner Schrift aufzeigen will und dass ist es, was wir intellektuell

Of course, that requires a certain amount of support. And this backing can be acquired through study and meditation.

Lifestyle in the sense of Dharma is careful handling with us and our lifestyle. We have to face ourself without makeup and naked, so that we can see through and tear down the crusty walls that we are constantly erecting out of ignorance.

ENLIGHTENMENT

Enlightenment is awareness appropriate to clear sight. It does not take place anywhere, but is a state of insight and clarity here and now.

Before enlightenment, mountains are mountains and forests are forests. After enlightenment, mountains are mountains and forests are forests. This is a saying of Chan Buddhism.

The world (saṃsāra) and its conditions to which we are exposed remain conditions. However, what changes through an enlightenment experience, an awakening, is our reaction to the conditions of this world to which we are exposed.
Our view of this world is no longer clouded and we recognize this world realistically.

This is what Nāgārjuna wants to show us with his writings and that is what we should understand intellectually, take up and make the basis of our view of life.

verstehen, aufnehmen und zur Grundlage unserer Lebenssicht machen sollten.

Wenn wir also die Schriften des Mittleren Weges lesen und studieren, wenn wir die Werke Nāgārjunas ergründen, die Kommentare dazu, welche im Laufe der Zeit entstanden sind, dann stellt sich immer die selbe Herausforderung an uns.

Wie können wir tief genug eindringen, um nicht nur den Sinn zu erfassen, sondern diesen Sinn in unser tägliches Leben auch einfließen lassen.

So when we read and study the Middle Way scriptures, when we fathom Nāgārjuna's works and the comments that have come about over time, we always face the same challenge.

How can we go in deep enough not only to grasp the meaning but also to absorbe this meaning into our daily life?

ANALYSE DER EINZELNEN KĀRIKĀ KAPITEL

STRUKTUR

Kapitel

Alle Kapitel werden als parīkṣā bezeichnet, da sie immer ein spezifisches Thema erörtern bzw. untersuchen.
Parīkṣā bedeutet Prüfung, Untersuchung, und ist auch die Bezeichnung für den Titel eines Kommentars Die hier wiedergegebene Kapitelüberschrift ist eine inhaltliche und keine wörtliche Übersetzung.

Da jedes Kapitel Untersuchung genannt wird, ist das Thema der Untersuchung relevant. Es wird jeweils der Begriff, der dem Wort Untersuchung (parīkṣā) in der Kapitelüberschrift vorangestellt ist, übersetzt. Die Übersetzung umfasst u.U. auch mehr Bedeutungen und gibt einen Eindruck von der im jeweiligen Kapitel adressierten Thematik. Des Weiteren findet sich ein kurzes Statement, welches einen Hinweis auf den Inhalt des Kapitels geben soll.

Für die Übersetzung der Sanskrit Begriffe wurde vorwiegend das 7-bändige Sanskritwörterbuch von Böhtlingk benutzt.

ANALYSIS OF EACH OF THE KĀRIKĀ CHAPTERS

STRUCTURE

Chapter

All chapters are called parīkṣā because they always discuss or examine a specific topic. Parīkṣā means examination, investigation, and is also the name for the title of a commentary. The chapter headings given here are a content-related and not a literal translation.

Since each chapter is called an investigation, the subject of the investigation is relevant. The term that precedes the last word (parīkṣā) in the chapter heading is translated. The translation may include also more meanings and gives an impression of the topic addressed in the respective chapter. There is also a short statement, which should give an indication of the content of the chapter.

The 7-volume Sanskrit dictionary by Böhtlingk was mainly used for the translation of the Sanskrit terms and for the English translation additionally the Cappeller Sanskrit-English Dictionary based on Böhtlingk was used for some clarifications.

Thema

Hier finden sich Betrachtungen zum Inhalt der jeweiligen Untersuchung. Diese folgen weitgehend dem Svātantrika Ansatz und versuchen somit die

Aussagen Nāgārjunas mit Umschreibungen und zusätzlichen Formulierungen für unsere Sichtweise besser verständlich zu machen.

Dies sollte jedoch ausschließlich als Anregung dienen und ersetzt nicht eine intensive Auseinandersetzung mit dem Aussagen Nāgārjunas und eine vertieftes Studium seiner Texte.

Ratschlag

Buddhismus ist auch angewandte Lebensführung im Sinne der Art und Weise wie wir unser Leben und die Dinge um uns herum betrachten. Es ist auch Psychologie und beschäftigt sich mit dem menschlichen Erleben und Verhalten, sowie den äußeren und inneren Ursachen sowie Bedingungen denen wir unterworfen sind.

Hier wird deshalb der praktische Nutzen der wesentlichen Hauptaspekte der Aussagen Nāgārjunas aufgezeigt. Es werden Hinweise gegeben, welche die jeweiligen Themen aus der theoretischen Betrachtungsweise herausheben und auf ihre konkrete Anwendbarkeit in unserem täglichen Leben hinweisen.

Topic

Here you will find reflections on the content of the respective study. These largely follow the Svātantrika approach and thus try to make the statements of Nāgārjuna more understandable for our point of view with paraphrases and additional formulations.

However, this should only serve as a suggestion and does not replace an intensive analysis of the statements of Nāgārjuna and an in-depth study of his texts.

Advice

Buddhism is also applied lifestyle in the sense of the way we look at our life and the things around us. It is also psychology and deals with human experience and behavior, as well as the external and internal causes and conditions to which we are subject.

The practical usage of the main aspects of Nāgārjuna's statements is therefore shown here. Advices are given that highlight the respective topics from a theoretical point of view and illustrate their concrete applicability in our daily life.

1 URSÄCHLICHKEIT

Kapitel 1 - pratyaya parīkṣā - über Bedingung
(14 Verse)

Pratyaya bedeutet Glaube an, Annahme, Ursache, Grund und somit hier Kausalität.
Es zeigt auf, dass jede Wirkung aus einer Ursache heraus abgeleitet werden kann. Nichts entsteht losgelöst für sich, alle Erscheinungsformen sind mehr oder minder verursacht durch anderen Erscheinungsformen. Alles Existierende ist bedingt und besteht nicht unabhängig aus sich heraus.

Thema

Ursachen sind nur möglich, wenn zwischen den Entitäten Beziehungen bestehen. Wir erfahren etwas, das wir als Auswirkung, als Resultat einer vorangegangenen Ursache interpretieren. Ursache ist etwas, dass wir immer aus der Sicht einer Auswirkung heraus erfassen. Der Blick geht meist zeitlich zurück, in die Vergangenheit.
Geht der Blick zeitlich nach vorne, in die Zukunft, so definieren wir eine Ursache deshalb, weil wir dazu eine oder mehrere Auswirkungen prognostizieren.

Ursache definiert sich erst aus der Sicht einer bestehenden Aktivität heraus – sie definiert die Beziehung zu einer Aktivität, vergangen oder zukünftig. Eine aus sich selbst heraus bestehende erste Ursache (svayaṃbhū) gibt es nicht.

Jede Definition wird somit durch unseren jeweiligen Standpunkt festgelegt und dieser Standpunkt ist eine

1 CAUSALITY

Chapter 1 - pratyaya parīkṣā - on condition (14 verses)

Pratyaya means ascertainment, assumption, reason and thus here causality.
It shows that every effect can be derived from a cause. Nothing arises in isolation; all manifestations exist more or less induced by other manifestations. Everything that exists is conditional and does not exist independently.

Topic

Causations are only possible if there are relationships between the entities. We experience something that we interpret as an effect, as the result of a previous cause. The causation is something that we always grasp from the perspective of an impact. The view usually goes back in time, to the past.
If we look forward to the future, we define a cause because we predict one or more effects.

Causation only defines itself from the perspective of an existing activity - it defines the relationship to an activity, past or future. There is no such thing as a self-created first cause (svayaṃbhū).

Each definition is therefore carried out from our respective point of view and this point of view is a personal and therefore colored view, not an ultimate truth.

persönliche und somit gefärbte Sichtweise, also keine letztliche Wahrheit.

Erst wirklichkeitsgemäßes Erkennen, findet die „wahre“ Ursache, ansonsten gaukeln wir uns einfach immer jene Ursachen vor, die gerade in unser Weltbild passen.

Ratschlag

Ich erfahre Ungerechtigkeit, ich werde schlecht behandelt. Der Erklärungsversuch, dass heißt die zugrunde liegende Ursache die wir finden, ist unser Karma. Weil ich dies oder jenes in der Vergangenheit getan habe, erfahre ich nun dieses Resultat.

Dies ist aber zu kurz gegriffen. Vielleicht hat dies überhaupt gar nichts mit der angenommenen Ursache zu tun; vielleicht ist die Ursache meiner Reaktion verursacht durch meine schlechte Stimmung.

In einer anderen Situation bewerten wir ein Ereignis. Dies tun wir auf Grund unseres Wissenstandes und damit ziehen wir Schlussfolgerungen. Wir legen damit eine Ursache fest und leiten dann davon weiteres Handeln wie auch Wahrnehmen ab. Wir können uns aber nie sicher sein, dass damit die wirkliche Ursache erfasst wurde. Dies liegt wiederum daran, dass wir immer nur einen Ausschnitt betrachten und sogar dieser wird gefärbt durch unsere Ansichten, Annahmen und Vorlieben.

Realistic recognition is the only way to find the "true" cause; otherwise we simply pretend to be that causes that fit our current mindset.

Advice

I experience injustice, I am treated badly. The attempt to explain this, the underlying cause, we define as our karma. Because I have done this or that in the past, I am now experiencing this result.

However, this is too simple an explanation. Perhaps this has nothing to do with the cause expected; maybe the cause of my reaction is quite different, for example my bad mood .

In another situation, we evaluate an event. We do this based on our level of knowledge and thus draw conclusions. We determine the cause of this and then derive further action and perception from it. But we can never be sure that the real causation has been captured. This is again because we only look at a particular view and even this is colored by our mindset, assumptions and preferences.

Auch hier zeigt sich die Problematik, dass wir Bewertungen basierend auf unseren momentanen subjektiven Einschätzungen heraus schaffen.

Wir sollten daher nicht vorschnell Ursachen finden. Wir sollten unsere Reaktion und die Interpretation auf die sogenannte Auswirkung hinterfragen und mit Achtsamkeit darauf reagieren.

2 VERÄNDERUNG

Kapitel 2 - gatāgata parīkṣā - über Entstehen und Vergehen (25 Verse)

Gatāgata bedeutet Entstehen und Vergehen, kommend und gehend, hin und her wandelnd. Gata bedeutet Gehen und āgata bedeutet Ankömmling. Daher wird dieses Kapitel meist mit dem Beispiel des Gehenden, der Wegstrecke und dem Gehen assoziiert.
Wenn man jedoch die Überschrift zu diesem Kapitel befolgt, dann ist Gehen, Geher, Wegstrecke synonym zu sehen und bezieht sich auf das ständig Wandelnde und der Frage des der Wandlung Unterworfenen. Alles was existiert entsteht und vergeht, nichts hat für immer Bestand. Dies zeigt uns, dass alles der Veränderung unterworfen ist und nichts ewig andauert.

Thema

Alles ist Wandel und wo Bewegung ist, da ist Unbeständigkeit (anitya). Daher gibt es keinen unbewegten Urgrund, ein nicht wandelbares Sein an

Here, too, the problem arises that we make assessments on the basis of our current subjective evaluations.

We should therefore not rush to look for causes. We should question our reaction and the interpretation of the so-called effects in order to react with mindfulness.

2 CHANGING

Chapter 2 - gatāgata parīkṣā - on emergence and decay (25 verses)

Gatāgata means becoming and decay, coming and going, walking back and forth.
Gata means moving and āgata means the arrived one. Therefore this chapter is mostly associated with the example of the mover, moved distance and the moving.
However, if one follows the heading to this chapter, then mover, moving distance and moving is to be seen synonymously and refers to the constantly changing and the question of what is subject to change. Everything that exists arises and disappears, nothing lasts forever. This shows us that everything is subject to a changing process.

Topic

Everything is changing and if there is movement, there is impermanence (anitya). Therefore is no unmoving original ground can be found, there is no unchangeable being in itself.

sich. Alles unterliegt einem ununterbrochenen Fortgang der Veränderung, dem in Erscheinungtreten von Ereignissen, ständigen Verbindungen und Zusammensetzungen. Letztlich sind auch Objekte, die sich im ständigen Prozess der Veränderung befinden, keine Objekte an sich, sondern erscheinen uns nur als Objekte. Sie sind im Grunde Erscheinungsformen von Phänomenen. Stabilität und Unveränderlichkeit ist nur scheinbar vorhanden, denn auch das Unbewegte trägt Veränderung in sich. Wir erkennen es aber nur wenn wir demselben Rhythmus folgen. Die Kontinuität (saṃtāna) besteht im Wandel.

Betrachten wir zum Beispiel nur die Natur. Blumen wachsen und verändern sich im Lauf der Jahreszeiten. Bäume verändern sich im Lauf von Jahren und Jahrzehnten. Landschaften und Berge ändern sich im Lauf von Jahrzehnten und Jahrhunderten. Die Erde selbst ändert sich im Lauf der Erdgeschichte.

Der Kosmos ändert sich im astronomischen Zeitmaßstab. Aber auch im Mikrokosmos herrscht ständige Veränderung. Wir erkennen diese Veränderungen nicht, weil unsere Fähigkeit sie wahrzunehmen nicht auf diese feine Granularität ausgerichtet ist. Die Veränderung und Anpassung von Molekülketten oder das unaufhörliche Vibrieren atomarer Strukturen, all das erkennen wir nur, wenn wir mit technischen Hilfsmitteln unsere Zeitskala verändern.

In diesem Kapitel tut sich aber noch eine weitere Problematik auf. In der Analyse der Wörter Gehen, Geher und Wegstrecke zeigt sich deutlich, dass durch Sprache immer nur Konzepte der Wirklichkeit

Everything is subject to an uninterrupted progress of change, the appearance of events, constant connections and compositions. Ultimately, objects that are in the constant process of change are not objects in themselves, but only appear to us as objects. They are basically manifestations of phenomena. Stability and immutability are only apparent, because even the unmoved carries change. We only recognize it if we follow the same rhythm. Continuity (saṃtāna) is change.

For example, let's just look at nature. Flowers grow and change as the seasons change. Trees change over the years and decades. Landscapes and mountains change over decades and centuries. The earth itself changes in the course of earth's history.

The cosmos changes on an astronomical scale. But there is also constant change in the microcosm. We do not recognize these changes because our ability to perceive them is not geared towards this fine granularity. We can only recognize the change and adaptation of molecular chains or the incessant vibration of atomic structures if we use technical tools to adjust our time scale.

Another problem arises in this chapter. The analysis of the words mover, moving, and moved distance shows clearly that language can only represent concepts of reality.

abgebildet werden können. Sowohl die Sprache als auch das diskursive Denken können den wahren Sachverhalt nie vollständig offenbaren. Sprache und Denken formt Attribute und Phänomene sowie letztlich Objekte und Entitäten.
Weil es uns an der richtigen Formulierung fehlt, enden wir immer im Bereich der Dualität. Sprache gehört zum Bereich der Dualität.

Ratschlag

Zwei Extreme sollten wir tunlichst vermeiden. Beständiges im Unbeständigen suchen sowie das Unbeständige nicht zu akzeptieren.

Allzu oft machen wir den Fehler etwas auf Dauer festhalten zu wollen, sei es materieller Besitz, sei es mental Erreichtes. Dadurch verlieren wir an Flexibilität oder wir büßen die Möglichkeit ein mit den Gegebenheiten zu leben – wir werden starr und stur.
Doch auch umgekehrt sind wir oft blind. Wir verzweifeln an der Wechselhaftigkeit und dem oft turbulenten Veränderungen und wünschen uns Stabilität. Doch diese Stabilität bleibt ein frommer Wunsch, wenn man sich Unveränderlichkeit wünscht, denn alles ist dem Wechsel und Wandel unterworfen.

Des Weiteren müssen wir uns ständig bewusst sein, dass Worte, Formulierungen und Aussagen, die wir machen oder die andere machen und die wir hören, immer nur eine Interpretation sind. Jedes Wort ist ein Ausdruck des Sprechers und erzeugt niemals dieselbe Vorstellung im Hörer.

Both language and discursive thinking can never fully reveal the true state of a phänomenon. Language and thought form attributes and phenomena, and ultimately objects and entities. Because we lack the right formulation, we always end up in the realm of duality. Language belongs to the realm of duality.

Advice

We should avoid two extremes if possible. Looking for the constant in the impermanent and not accepting the impermanence.

Too often we make the mistake of whiching to hold onto something permanently, be it material possession, or something that has been achieved mentally. As a result, we lose flexibility and lose the possibility to live with the circumstances - we become rigid and stubborn.
But very often we are blind the other way round. We despair of the changeability and the turbulent changes and we want stability. But this stability remains a pious wish if we wish unchangeability, because everything is subject to change and alteration.

Furthermore, we have to be constantly aware that words, formulations and statements that we make or that others make and that we hear are always an interpretation only. Every word is an expression of the speaker and never creates the same idea in the listener.

Im täglichen Leben sagen wir etwas, meinen damit aber nicht das, was beim Empfänger ankommt. Jede Formulierung spiegelt unsere Denkweise, unsere Bewertung, unsere Betrachtungsweise wider. Sie wird beim Gegenüber immer aus deren Denkweise, der jeweiligen Bewertung und Betrachtungsweise heraus geformt.

Aus diesem Grunde ist Geduld und Verständnis gefordert. Wenn wir etwas mitteilen, dann in klaren und einfachen Worten. Je mehr wir komplizieren oder um eine Sache herumreden, desto sicherer werden unsere Aussagen missverstanden. Deshalb ist es manches Mal auch besser zu schweigen.

3 SINNESWAHRNEHMUNG

Kapitel 3 – cakşurindriya parīkşā - über den Gesichtssinn (9 Verse)

Cakşurindriya bedeutet Gesichtssinn.
HIer geht es aber generell um Sinneswahrnehmung, denn in der ersten Strophe werden bereits alle sechs Sinne (Sehen, Hören, Riechen, Schmecken, Tasten und Denken) aufgeführt. Die Sehwahrnehmung wird hier als bedeutendste der Sinnes-wahrnehmungen herausgestellt daher auch diese Kapitelüberschrift.

Thema

Sinneswahrnehmungen entstehen immer nur im Zusammenspiel von Objekt, dem jeweiligen Sinnesorgan, einem Wahrnehmungsprozess und dem Gewahrwerden. Das Gewahrwerden als Prozess

In everyday life we say something, but we don't mean what the recipient receives. Every formulation reflects our mindset, our assessment, our point of view. It is always shaped by the other person by their mindset, the respective evaluation and point of view.

For this reason, patience and understanding are required. When we communicate something, it should be in clear and simple terms. The more we complicate or talk around a thing, the more certain our statements will be misunderstood. That is why it is sometimes better to be silent.

3 SENSORY PERCEPTION

Chapter 3 - cakṣurindriya parīkṣā - about the sense of sight (9 verses)

Cakṣurindriya means the sense of sight.
This chapter is generally about sensory perception, because in the first stanza all six senses (seeing, hearing, smelling, tasting, touching and thinking) are listed.
The visual perception is highlighted here as the most important of the sensory perceptions, hence this chapter heading.

Topic

Sensory perceptions always arise only in the interplay of object, the respective sense organ, a process of perception and awareness. Awareness as a process of

impliziert dann ein Subjekt, einen Bezug zum Objekt, ein Ich.

Die Erkennungsfähigkeit gepaart mit der Sinneswahrnehmung fokussiert sich im Bewusstwerden als ein Brennpunkt – als unser Selbst. Somit gestaltet sich jedwede Sinneswahrnehmung als eine Objekt Subjekt Beziehung.
Das Ich ist daher kein eigenständiges bestehendes Etwas, welches Sinneserfahrungen wahrnimmt sondern der Bezugspunkt unserer Sinneswahrnehmung.

Ratschlag

Wir sollten uns dessen bewusst sein, das all unsere Wahrnehmungen immer eng mit unserem Ich als Bezugspunkt verknüpft sind. Das bedeutet einerseits, dass alles was wir wahrnehmen letztlich dem Ich untergeordnet wird und andererseits jedwede Wahrnehmung unser Ich als scheinbar letzte Instanz des Seienden stärkt. Mit anderen Worten, eine Ich freie nicht Ich bezogene Wahrnehmung ist nicht gegeben. Eine neutrale Wahrnehmung ist nicht gegeben. Eine nicht durch unser Ich gefärbte Wahrnehmung ist nicht gegeben.

Die Färbung durch unser Ich filtert, interpretiert, verändert und manipuliert letztlich die Wahrnehmung. Wirklichkeit gemäßes Erkennen und Wahrnehmen ist solange nicht möglich, solange die Dominanz unseres Ich besteht.

Daher versuchen wir als Praktizierende im Zuge der meditativen Schulung diese Dominanz des Ich zu

awareness then implies a subject, a reference to the object, an Ego.

The ability to recognize, paired with the sensory perception, focuses in the awareness as a focal point - as our self. Thus every sense perception is shaped as an object-subject relationship.
The Ego is therefore not an independent existing something that perceives sensory experiences, but the reference point of our sensory perception.

Advice

We should be aware that all of our perceptions are always closely related to our self as a point of reference. On the one hand, this means that everything we perceive is ultimately subordinate to the Ego and on the other hand, any perception strengthens our Ego as the apparently last instance of being. In other words, there is no Ego-free perception. There is no neutral perception. There is no perception not colored by our Ego.

The coloring by our Ego filters, interprets, changes and ultimately manipulates perception. Reality-based cognition and perception is not possible as long as our Ego dominates.

Therefore, as practitioners, we try to reduce this dominance of the Ego with the meditative training in order to gradually gain a clearer perception.

schmälern, um schrittweise zu einer ungetrübteren Wahrnehmung zu gelangen.

4 DASEINSGRUPPEN

Kapitel 4 – skandha parīkṣā - über die Daseinsgruppen (9 Verse)

Skandha bedeutet Abteilung, Region und bezeichnet im Buddhismus die fünf Daseinsgruppen. In diesem Kapitel geht es somit um die Bedingtheit der Daseinsgruppen.

Thema

Es gibt keine Daseinsgruppe (skandha) ohne Ursache, da es keinen Effekt ohne Ursache gibt. Wir sollten Formen (rūpa) nicht als unabhängig von unserer Vorstellung. d.h. dem Bild, das wir uns machen, sehen. Dasselbe gilt auch für alle anderen Daseinsgruppen wie Empfindung (vedanā), Wahrnehmung (saṃjñā), Geistformationen (saṃskāra) sowie dem Bewusstsein (vijñāna), dem Gewahrwerden selbst. Die Existenz von Etwas begründet sich daher immer nur im Zusammenwirken und hat keine Eigennatur.
Da die Person (pudgala), wir als Individuum, eine Folge des Zusammenwirkens der Daseinsgruppen ist, diese Daseinsgruppen jedoch keine Eigennatur besitzen, ist auch die Person letztlich ohne Eigennatur.

4 AGGREGATES

Chapter 4 - skandha parīkṣā - aggregates, the heaps of clinging (9 verses)

Skandha means department, region and denotes the five groups of existence, the aggregates in Buddhism. Therefore this is about the conditionality of the aggregates.

Topic

There is no aggregate (skandha) without a cause, as there is no effect without a cause. We should not see forms (rūpa) as independent of our imagination. We should be aware that we create a picture. The same applies to all other groups or heaps of clinging such as sensation (vedanā), perception (saṃjñā), mental formations (saṃskāra) as well as consciousness (vijñāna), the awareness itself. The existence of something is therefore always based on cooperation and has no intrinsic self nature.

Since the person (pudgala), we as individuality, is a result of the interaction of the groups of existence (skandha), but these groups of existence have no intrinsic nature, the person is ultimately also devoid of intrinsic nature.

Ratschlag

Wenn wir uns selbst ständig wichtig nehmen, stärken wir unserer Persönlichkeit, wir pflegen und hofieren sie. Umso stärker binden wir uns an die Illusion der Beständigkeit und damit Starrheit. Dieses Anhaften (upādāna) führt letztlich zum ständigen Entstehen von Ursachen (pratītyasamutpāda) und verstrickt uns immer wieder in die Erfahrungen von Unzufriedenheit, Ungenügsamkeit und damit Leiden (duḥkha).

Nehmen wir uns deshalb nicht immer so ernst. Treten wir des Öfteren einen Schritt zurück. Nicht alles was wir erfahren hat immer jenen Wert, den wir ihm momentan beimessen.

Nicht alles ist so wichtig im Leben, dass wir darüber hinaus vergessen, dass dieses Leben ein ständiger Fluss und Wandel ist und wir als Teil dieses Lebens ebenfalls diesem Wandel unterworfen sind. Ein verholzter Halm bricht im Wind oder wird entwurzelt. Ein flexibler Halm bewegt sich im Wind und wächst.

5 ELEMENTE

Kapitel 5 – dhātu parīkṣā - über die Elemente (8 Verse)

Dhātu bedeutet Element, Urstoff.
Die allem Formhaften zugrunde liegenden Elemente sind Erde (das Feste), Wasser (das Flüssige), Feuer (das Erhitzende), Wind (das Bewegende) und Äther (das alles Beinhaltente, der Raum).

Advice

If we constantly take ourselves important, we strengthen our personality; we will nurture and court the Ego. The more we bind ourselves to the illusion of constancy we create rigidity. This clinging (upādāna) ultimately leads to the constant emergence of causes (pratītyasamutpāda) and repeatedly entangles us in the experiences of dissatisfaction, inadequacy and brings suffering (duḥkha).

So we shouldn't always take ourselves important. Let's take a step back sometimes. Not everything we experience has this value that we currently attach to it.

Not everything in life is so important that we have to forget that this life is a constant flow and change and that we are a subject to this change as part of this life.

A lignified stalk breaks in the wind or is uprooted. A flexible stalk moves in the wind and grows.

5 ELEMENTS

Chapter 5 - dhātu parīkṣā - on the elements (8 verses)

Dhātu means element, primordial matter.
The elements underlying all substances are earth (the solid), water (the liquid), fire (the heating), wind (the moving) and ether (all that is contained, the space).

Nāgārjuna betrachtet hier nun beispielhaft für die Elemente den Raum (ākāśa). Hier geht es um die Benennung bzw. Kennzeichnung sowie Charakterisierung von Phänomenen und wahrgenommenen Objekten.

Thema

Raum an sich ist nicht existent, er besteht nur auf Grund seiner Eigenschaften. So wie alle anderen Elemente auch, tritt er in Erscheinung, wenn Ereignisse, Prozesse sich offenbaren und damit ein Bezugsfeld notwendig wird – ein Spielfeld für scheinbar eigenständige Objekte. Hier entspricht die Elementenlehre der Chinesischen Philosophie (wǔxíng) wesentlich besser Nāgārjunas Auffassung als die indische und damit auch westliche Kategorisierung der Elemente. Denn die Elemente sind zwar ohne Eigennatur, sie beziehen sich aber wie im Chinesischen auf Wandlungsphasen und nicht wie im klassischen indischen und europäischen Denken auf Aggregatzustände (lateinisch aggregare hinzunehmen, ansammeln).
Die antike europäische Vier-Elementen Lehre suggeriert uns Prinzipien, d.h. Wurzelkräfte und Essenzen und somit eine Art von Eigenständigkeit

Aber auch die Auffassung, dass es keinerlei Elemente gibt, entspricht nicht unserer Erfahrung. Natürlich erfahren wir prinzipielle Wandlungsphasen (Elemente), aber nur insofern als diese durch Wandlung erst in Erscheinung treten und Bestand haben. Da jedoch Wandlung ständig stattfindet, sind auch die Elemente scheinbar ständig vorhanden und

Nāgārjuna now considers space (ākāśa) as an example of the elements. This is about the naming or labeling as well as characterization of phenomena and perceived objects.

Topic

Space in itself does not exist, it only exists because of its characteristics. Just like all other elements, it appears when events, processes reveal themselves and thus a reference field becomes necessary - a playing ground for seemingly independent objects. Here the element theory of Chinese philosophy (wǔxíng) corresponds much better to Nāgārjuna's view than the Indian and the Western categorization of the elements. The elements are indeed without their own nature, but as in Chinese they relate to phases of change and not, as in classical Indian and European thinking, to states of aggregation (Latin aggregare to accept, to accumulate). The ancient European four-element doctrine, and in some aspects the Indian doctrine too, suggests principles, i.e. root forces and essences and thus a kind of independence.

But even the view that there are no elements does not correspond to our experience. Of course, we experience basic phases of change (elements), but only insofar as they appear through change and therefore come into existence. However, since change is constantly taking place, the elements are apparently always present and suggest to us their independence as original entities or underlying, independently existing qualities.

suggerieren uns so ihre Eigenständigkeit als Urstoff bzw. zu Grunde liegende eigenständig vorhandene Qualitäten.

In diesem Sinne sollten wir uns an die Feststellung des Buddha halten, der sechs Charakterisiken (dhātu) nannte, nämlich das Feste, das Flüssige, das Erhitzende, das Bewegende, der Raum und Bewusstsein (vijñāna).
Er sprach hier nicht von Urstoffen bzw. Eigenschaften an sich (mahābhūta), sondern von den letztmöglich erfahrbaren Kennzeichen (lakṣaṇa) der Wandlungsphasen (dharma). Er spricht also von den Hauptmerkmalen oder der definierenden Qualität von etwas.

Ratschlag

Es gibt kein Seiendes ohne Wesensmerkmal (lakṣaṇa). Wir sollten daher die Welt und uns selbst so akzeptieren wie sie sind, im Einklang mit den Wandlungsphasen (dhātu).

Unsere Sichtweise ist vorwiegend auf Objekte und einzelne Phänomene ausgerichtet. Wir ignorieren meist die vorhandenen Zusammenhänge, d.h. wir übersehen damit auch die zu Grunde liegenden Hauptmerkmale und definierten Qualitäten. Wir leben weder im Einklang mit uns selbst noch im Einklang mit der Natur.

Jahreszeiten kommen und gehen. Es gibt Phasen der Hitze, der Kälte, des Regens und der Dürre. Im Einklang mit der Natur zu leben heißt auch im Einklang mit den Jahreszeiten zu leben. Nicht darüber

In this sense we should adhere to the statement of the Buddha, who named six characteristics (dhātu), namely solid, liquid, heating, moving, space and consciousness (vijñāna).
He did not speak about primary substances or characteristics per se (mahābhūta), but of the last possible tangible marks (lakṣaṇa) of the phases of change (dharma). So he speaks of the main characteristics or the defining quality of something.

Advice

There is no existence without a feature (lakṣaṇa). We should therefore accept the world and ourselves as it is, in accordance with the phases of change (dhātu).

Our perspective is mainly focused on objects and individual phenomena. We mostly ignore the existing relationships, i.e. we thus also overlook the underlying main characteristics and defined qualities. We live neither in harmony with ourselves nor in harmony with nature.

Seasons come and go. There are phases of heat, cold, rain and drought. Living in harmony with nature also means living in harmony with the seasons. Not to complain when it's hot, not to be unhappy about when it's too cold.

zu jammern, wenn es heiß ist, nicht darüber unglücklich zu sein wenn es zu kalt ist.

Im Rhythmus der Jahreszeiten zu leben und nicht ständig zu versuchen diesen Rhythmus zu negieren oder eine bestimmte Phase ständig aufrecht zu erhalten, z.B. „wenn es doch ständig Sommer wäre, dann kann ich .....“.

Aber auch in unserer Innenwelt ignorieren wir meist die Wandlungsphasen und sind dann überrascht, wenn Körperfunktionen plötzlich uns dies bewusst machen, z.B. durch Krankheit, durch Stimmungsschwankungen, unkontrollierte Gefühlsausbrüche und ähnliches.

Im Einklang mit der Natur und im Einklang mit uns selbst zu leben, bewusst zu leben die Veränderungen zu akzeptieren und extreme Ansichten zu vermeiden ist das Gebot der Stunde.

6 REALITÄTSERFAHRUNG

Kapitel 6 – rāgarakta parīkṣā - über die Leidenschaften (10 Verse)

Rāga bedeutet Leidenschaft, heftiges Verlangen nach etwas und rakta bedeutet der Leidenschaft anhängend, durch die Leidenschaft gefärbt sein, zugetan sein.
Da die Begierde der Haupttreiber unseres Denkens und Handels ist und unser Anhaften ausmacht, geht es hier um unser involviertes Ich. Es geht um das Verlangen und um uns selbst als den Verlangenden.

To live in the rhythm of the seasons and not constantly trying to negate this rhythm or to constantly maintain a certain phase e.g. "If it were always summer, then I can ...".

But even in our inner world we mostly ignore the phases of change and are surprised when body functions suddenly make us aware about illness, mood swings, uncontrolled emotional outbursts and the like.

To live in harmony with nature and in harmony with ourselve, to live consciously, to accept the changes and to avoid extreme views is the order of the day

6 REALITY EXPERIENCE

Chapter 6 - rāgarakta parīkṣā - on the passions (10 verses)

Rāga means passion, intense desire for something, and rakta means to be attached to passion, to be polluted by passion, to be obsessed Since desire is the main driver of thought and action, it is about our involved Ego. It's about the desire and about us as the one with desire.

Thema

Empfindungen und Gefühle sind Bezeichnungen für ein Wahrnehmen auf Grund unserer Reaktion oder Interpretation auf etwas. Es bezeichnet eine in Erscheinung tretende Beziehung zwischen uns als Bezugspunkt und einer Interpretation eines Phänomens. Kurzum es ist somit nichts Eigenständiges.

Das Erfahrbare und der Erfahrende sind nicht getrennt von einander aber auch nicht gemeinsam verbunden. Es handelt sich hierbei nicht um zwei Entitäten, welche gegenseitig wechselwirken.

Ein Empfinden ohne Empfindenden, eine Erfahrung ohne Erfahrenden ist nicht denkbar. Alle physischen und mentalen Faktoren (dharma), die konstituierenden Elemente oder Phänomene unserer Wirklichkeit (Realität - Erfahrung) verhalten sich ebenso.
Dies ist keine Objekt – Subjekt Beziehung, sondern eine Entität – Attribut Beziehung, wobei die Entität in diesem Falle wir selbst sind. Es handelt sich hier um die Einfärbung unserer Wahrnehmung und unserer Empfindungen durch das Ego.

Ratschlag

Leidenschaft (rāga) ist eine Eigenschaft, die aus uns selbst heraus entsteht. Natürlich wird sie durch Bedingungen (pratyaya) verursacht oder besser gesagt erweckt. Die Ursache (hetupratyaya) jedoch ist unsere Unwissenheit und Ich Zentriertheit (avidyā).

Topic

Sensations and feelings are terms for a perception based on our reaction or interpretation to something. It describes a relationship between us as the so called reference and the interpretation of a phenomenon. So in short, it is not independent.

What can be experienced and the one who experiences are not separated, but neither are they connected. These are not two entities that interact.

A feeling without a feeling sentient being, an experience without someone who experiences is inconceivable.
All essential and mental factors (dharma), the constituent elements or the phenomena of our reality operate like that.
This is not an object-subject relationship; instead it is merely an entity-attribute relationship. In this case we are the object or the entity ourselves. It is about the coloring of our perception and our sensations by the Ego.

Advice

Passion (rāga) is a quality that arises from within us. Of course, it is caused, or rather awakened, by conditions (pratyaya). The cause (hetupratyaya), however, is our ignorance and self-centeredness (avidyā).

Wir sollten daher unsere Emotionen, Empfindungen und die Stimmung in der wir uns befinden nicht als etwas betrachten, dass uns widerfährt, das auf uns einwirkt. Wir selbst sind es, es kommt nicht von irgendwo daher oder entsteht plötzlich aus sich selbst heraus. Daher müssen wir unsere Persönlichkeit, d.h. all unsere Emotionen, Gefühle, Vorlieben und Abneigungen, somit all unsere Stimmungs-schwankungen akzeptieren. Sie sind wir selbst.
Nur dann, durch Wirklichkeit gemäßes Erkennen und Begreifen, vermindern wir unsere falsche Sicht darüber, unsere fehlgeleitete Ansicht (avidyā) und verringern damit unsere Ich-Zentriertheit (ātman). Denn es gibt keinen ewigen und unbefleckten zentralen Ich Kern, dem dies alles widerfährt.

Der Buddha lehrt uns die Wesenlosigkeit der Dinge (dharma) und auch, dass es kein unzerstörbares, die Zeiten überdauerndes Ich (anātman) gibt.

7 ABHÄNGIGKEITEN

Kapitel 7 – saṃskṛta parīkṣā - über bedingte Phänomene der Wirklichkeit (34 Verse)

Saṃskṛta bedeutet gemacht, zubereitet, aufgestellt. Im buddhistischen Kontext bedeutet es „bedingte" Phänomene unserer Wirklichkeit (dharma). Hier geht es um das Entstehen, Bestehen und Vergehen.

We should therefore not regard our emotions, sensations and the mood we are in as something that happens to us, that affects us. It is us ourselves, it does not come from anywhere or suddenly emerges from within itself. Therefore we have to accept our personality with all our emotions, feelings, likes and dislikes, thus all of our mood swings; that is ultimately ourselves.

Only then, through knowing and apprehending in accordance with reality, do we diminish our wrong view of it, our misguided view (avidyā) and thus reduce our ego-centeredness (ātman). Because there is no eternal and immaculate central I-core to which all this happens.

The Buddha teaches us the emptiness of things (dharma) and also that there is no indestructible me (anātman) that lasts over time.

7 DEPENDENCIES

Chapter 7 - saṃskṛta parīkṣā - on conditioned phenomena of reality (34 verses)

Saṃskṛta means made, prepared, set up. In the Buddhist context it means "conditioned" phenomena of our reality (dharma). This is about arising, existing and passing away.

Thema

Einerseits ist Entstehen und Vergehen verursacht, d.h. es gibt für jedes Ereignis eine Ursache und andererseits ist es nicht unabhängig, d.h. es gibt für jedes Ereignis mindestens eine Abhängigkeit. Bedingtes (abhängiges) Entstehen (Konditionalität, pratyaya) ist nicht mit verursachten Entstehen (Kausalität, nidāna) gleichzusetzten. Einerseits hat jede Wirkung eine Ursache und andererseits gibt es keine für sich bestehenden Phänomene. Jedes Phänomen existiert nur aus dem Zusammenhang heraus. Daher sind Bedingtheit und Ursächlichkeit stark verbunden, denn es gibt keine Ursächlichkeit, die nicht auch bedingt entstanden ist.

Entstehen, Dauer und Auflösung sind nicht Zustände eines Urgrunds (wie bei den Sarvāstivāda). Sie sind auch nicht zeitlich eigenständig ablaufende Phasen (wie bei den Sautrāntika).

In Erscheinung treten ist eigentlich nicht Entstehen sondern Absonderung bzw. veränderte Sichtweise auf Zusammenhänge. Entstehen ist eine momentane Wahrnehmung und kein Etwas. Entstehen und Vergehen kann nicht als Ereignis stattfinden, welches im Bezug zu einer für sich eigenständigen Entität existiert. Ein Ereignis ist die momentane isolierte Erfahrung eines Phänomens aus dem ständig sich veränderten Strom des Seins und damit der Erfahrung des Werdens und Vergehens.

Topic

On the one hand, arising and perishing are caused, i.e. there is a cause for every event and on the other hand it is not independent. There is at least one dependency for each event.
Dependent arising (conditionality, pratyaya) is not to be equated with caused arising (causality, nidāna). On the one hand, every effect has a cause and, on the other hand, there are no phenomena that exist in themselves. Every phenomenon only exists in connection with realtionships. Therefore, conditionality and causality are strongly connected, because there is no causality that is not also conditional.

Arising, duration and dissolution are not states of a primordial ground (as with the Sarvāstivāda). They are also not chronologically independent phases (as in the Sautrāntika).

Appearance is actually not an emergence but a separation or a changed view of connections. Arising is a momentary perception and not something. Arising and passing away cannot take place as an event that exists in relationship to an independent entity. An event is the momentary, isolated experience of a phenomenon from the constantly changing stream of being and thus leads to the experience of becoming and passing away.

Nāgārjuna bezeichnet Entstehen, Bestehen und Vergehen als eine Illusion, einen Traum, eine Welt der Vorstellung und geistigen Projektion (gandharva nagaraṃ, ein Luftschloss). Das schmälert jedoch nicht die Realität während unserer Erfahrung, es zeigt nur auf, dass diese „Zustände" nicht auf unabhängige und eigenständige Entitäten zurückgeführt werden können.

Ratschlag

Wir leben in einer Welt der Veränderung. Wir leben in einer Welt der Abhängigkeiten, der Korrelationen, der sich ständig beeinflussenden Phänomene. Wir erfahren in dieser Welt Objekte und Ereignisse. Aber diese Objekte sind unsere Objekte, die wir durch Differenzierung und Absondern greifbar machen. Dabei übersehen wir allzu oft, dass sie nicht isoliert sind, dass ihre Eigenständigkeit nur aus unserer Betrachtungsweise heraus existiert.

Wir müssen den Wert, den wir einem Phänomen, einer Erscheinung, einem Objekt zumessen, als etwas Konstruiertes ansehen. Solange wir Phänomene, Erscheinung und Objekte ausschließlich nach ihrem Wert bemessen, solange werden wir enttäuscht werden. Denn jede Vereinzelung lässt Zusammenhänge, lässt Abhängigkeiten außer acht. Wenn dann diese in unsere Erfahrungswelt eindringen sind wir enttäuscht und unzufrieden.

Wir begegnen einem anderen Menschen aus der jeweiligen Situation heraus. Wir beurteilen die Situation aus unserer momentanen Lage heraus. Wir übersehen damit weitere Zusammenhänge und damit

Nāgārjuna denotes arising, existing and passing as an illusion, a dream, a world of imagination and mental projection (gandharva nagaraṃ, a castle in the air). However, this does not diminish the reality during our experience; it only shows that these "states" cannot be traced back to independent and distinct entities.

Advice

We live in a world of change. We live in a world of dependencies, correlations and phenomena that are constantly influencing one another. We experience objects and events in this world. But these objects are our objects, which we make tangible through differentiation and isolation. All too often we overlook the fact that they are not isolated, that their independence only exists from our perspective.

We have to see the value we attach to a phenomenon, an appearance, an object as something constructed. As long as we measure phenomena, appearances and objects solely by this value, we will be disappointed. Because each separation disregards connections and dependencies. When these then penetrate into our world of experience, we are disappointed and dissatisfied.

We meet another person out of the respective situation. We judge the situation from our current situation. We are overlooking other connections and we are often wrong in our assessment.

liegen wir in unserer Beurteilung oft falsch. Daher sollten wir nicht vorschnell urteilen, nicht sofort bewerten und des öfteren Mal lieber zweimal nachdenken oder kurz innehalten, bevor wir handeln.

8 KARMA

Kapitel 8 – karma kāraka parīkṣā - über Handlung und Handelnder (13 Verse)

Karma bedeutet Handlung, Tätigkeit, Werk Tat und kāraka bedeutet der Handelnde, Agens (der Verursacher, die treibende Kraft).
In diesem Kapitel geht es durch Betrachtung des Begriffspaares Handeln und Handelnder um Karma.

Thema

Karma, oft als Gesetzmäßigkeit von Ursache und Wirkung bezeichnet, erzeugt die Gestaltungs- und Bildekräfte (saṃskāra), unsere willentliche Gestaltung. Diese willentlichen Entscheidungen wiederum sind dann die bestimmenden Faktoren für Karma. Wir sollten dabei aber beachten, dass sowohl die Tat (kalpana) als auch der zugeordnete Bewirker der Tat (kāra, kāraka) in Abhängigkeit entstehen. Nāgārjuna wirft hier die Frage auf, inwieweit Karma möglich ist, wenn es kein permanentes Ich (anātman) als Bewirker der Tat gibt.

Unser Begehren, unser Anhaften (upādāna) ist es letztlich, welches bestimmende Faktoren schafft.

We should therefore not judge too quickly, not evaluate immediately and often think twice or pause briefly before acting.

8 KARMA

Chapter 8 - karma kāraka parīkṣā - on action and doer (13 verses)

Karma means action, activity, work, deed and kāraka means the doer, agent (the cause, the driving force).This chapter deals with karma by considering the pair of the terms action and agent.

Topic

Karma, often referred to as the law of cause and effect, creates the shaping and framing actions (saṃskāra) thru our volitional decisions. These deliberately decisions in turn are the determining factors for karma. We should note, however, that both the act (kalpana) and the assigned agent of the act (kāra, kāraka) arise in dependence. Nāgārjuna here raises the question of the extent to which karma is possible when there is no permanent I (anātman) as the agent of the deed.

Our desire, our clinging (upādāna) is ultimately what creates determining factors.

Es gibt vier Arten des Anhaftens.
* sinnliches Anhaften kāmopādāna;
* Anhaften an Ansichten dṛṣṭy upādāna
* Anhaften an Regeln und Riten śīlavratopādāna;
* Anhaften am Persönlichkeitsglauben ātmavādopādāna

Unsere Person und damit auch die Persönlichkeit, zusammengesetzt aus den Daseinsgruppen(skandha) positioniert sich um einen Fokuspunkt, den wir als Ego wahrnehmen. Dieses Ego ist aber kein für sich selbstständiges bestehendes Selbst. Es ist kein „göttliches Ich", ewig und nur in unterschiedlicher Form durch die Zeiten (Inkarnationen) wandernd. Doch ebenso irreführend wäre es, ein Selbst zu leugnen. Denn wir haben und erfahren ein Selbst und damit verbunden eine Persönlichkeit.

Beide Extreme verwirft Nāgārjuna, den Ewigkeitsglauben (śāśvatavāda) und auch den Vernichtungsglauben (ucchedānta).

Wir leben in einem Prozess des ständigen Wandels (saṃtāna). Wir erfahren diesen Wandel und fixieren uns als Bezugspunkt auf unsere Person, auf unser Ich (ahaṃkāra). Wir schaffen damit einen Ankerpunkt, den wir dann als stabil und unveränderlich annehmen (ātman).
Doch diese Ich-Zentriertheit führt uns zu falschen Schlussfolgerungen. Wir meinen dann, dass alle Aktivitäten, die von uns ausgehen auch eine von uns verursachte Wirkung entfalten. Und im Umkehrschluss nehmen viele Menschen an, dass alles was ihnen widerfährt, durch sie (durch ihr eigenes Selbst, Ich) in der Vergangenheit verursacht wurde.

There are four types of attachment.
* sensual attachment kāmopādāna;
* attachment to views dṛṣṭy upādāna
* clinging to rules and rites śīlavratopādāna
* hold on to belief in one's own personality ātmavādopādāna.

Our person and thus also the personality, composed of the groups of existence (skandha), positions itself around a focal point that we perceive as the ego. However, this Ego is not an independent self. It is not a "divine I", eternal and only wandering through the ages (incarnations) in different forms. But it would be just as misleading to deny a self. Because we have and experience a self and with it a personality.

Nāgārjuna rejects both extremes, the belief in eternity (śāśvatavāda) and also the belief in annihilation (ucchedānta).

We live in a process of constant change (saṃtāna). We experience this change and fixate ourselves as a point of reference to our person, to our I (ahaṃkāra). We create an anchor point, which we then accept as stable and unchangeable (ātman).

But this self-centeredness leads us to wrong conclusions. We then mean that all activities that we initiate also have an effect that we have caused. And conversely, many people assume that everything that happens to them was caused by them (by their own selves, I) in the past.

Nochmals, Karma ist willentliche Entscheidung, ist getragen durch unsere Motivation und durch unser Ich.
Karma ist jedoch nur eine Art von Bedingungen (niyāma) denen wir unterworfen sind. Im Buddhismus unterscheiden wir fünf verschiedene Arten oder Klassen von Bedingungen, wobei Karma nur eine davon ist. Wir sind zwar als Menschen allen fünf Arten unterworfen, aber nur eine, nämlich Karma können wir direkt beeinflussen.

- der Zwang des Anorganischen (utuniyāma) – die kausalen Zusammenhänge der physischen Welt, wie Jahreszeiten, Wetter, Erdbeben, etc.
- der Zwang des Organischen (bījaniyāma) – das Gesetz des Lebens, das Biologische, wie Wachstum, Fortpflanzung, Krankheiten, etc.
- der Zwang des Geistigen (cittaniyāma) – die Gesetzmäßigkeit aller nichtwillentlichen, geistigen mentalen Ereignisse, wie Bewusstwerden, Gewahrwerden.
- der Zwang des Willentlichen (karmaniyāma) – das Gesetz von Ursache und Wirkung in der Verantwortung unserer selbst, wie Entscheidungen und Motivationen.
- der Zwang des Transzendenten (dharmaniyāma) – dem Weltgeschehen unterworfen, der Ordnung und Gesetzmäßigkeit jenseits unseres gedanklichen Ergründens und Begreifens, wie Intuition.

Again, karma is a deliberately decision, is carried by our motivation and by our ego.
However, karma is just one kind of condition (niyāma) that we are subjected to.

In Buddhism we distinguish five different types or classes of conditions, karma being only one of them. As human beings we are subject to all five types, but only one, namely karma, we can directly influence.

- the constraint of the inorganic (utuniyāma) - the causal relationships of the physical world, such as seasons, weather, earthquakes, etc.

- the constraint of the organic (bījaniyāma) - the law of life, the biological, such as growth, reproduction, diseases, etc.

- the constraint of the spiritual (cittaniyāma) - the consequence of all indeliberately, mental events, such as becoming aware and recognizing.

- the constraint of the will (karmaniyāma) - the law of cause and effect in the responsibility of ourselves, such as decisions and motivations.

- the constraint of the transcendent (dharmaniyāma) - subject to world events, the order and regularity beyond our intellectual fathoming and comprehension, such as intuition.

Letztendlich unterliegt der Mensch in diesem Leben einer Wirkung der vorhergehenden festgelegten Ursachen (teilweise) sowie des gereiften Karmas und der Bedingungen und Zwänge (niyāma) dieser Welt (saṃsāra).

Ratschlag

Wir müssen unsere Sichtweise von Karma revidieren und gemäß der buddhistischen Lehre richtig stellen. Nur willentliche Handlungsweisen und Entscheidungen schaffen „selbst verursachte" Ursachen (hetu, phala), die sich für uns persönlich auswirken. Alle anderen Ereignisse, die uns treffen sind durch die weiter oben genannten vier anderen Arten des Zwanges (niyāma), der Abhängigkeiten und Bedingungen verursacht. Wir sind nicht zu hundert Prozent Gestalter unserer selbst und der Welt. Wir können die Natur zwar manipulieren, indem wir Bedingungen schaffen, wir können die Natur aber nicht beherrschen.

Aber genauso wenig ist alles was uns wiederfährt durch uns selbst verursacht. Eine Krankheit zum Beispiel kann durch unsere Sorglosigkeit verursacht sein, sie ist aber auch und das meistens, eine Resultat der Bedingungen, denen wir im Menschsein unterworfen sind.

Der Mensch ist auch nicht die „individuelle" Fortsetzung seiner Taten aus vergangenen Leben, da es ja auch keine individuelle Entität gibt, die von einem Leben zum nächsten wandert.

Ultimately, in this life man is subject to an effect of the preceding set causes, (partially) as well as the matured karma and the conditions and constraints (niyāma) of this world (saṃsāra).

Advice

We need to revise our view of karma and correct it according to the Buddhist teaching. Only deliberately actions and decisions create "self made" causes (hetu, phala) that affect us personally. All other events that strike us are caused by the above four other types of coercion (niyāma), dependencies and conditions. We are not one hundred percent creators of ourselves and the world. We can manipulate nature by creating conditions, but we cannot control nature.

But not everything that happens to us is created by ourselves. An illness, for example, can be caused by our carelessness, but it is also, and most of the time, a result of the conditions to which we are subjected in being human

Man is also not the "individual" continuation of his actions from past lives, since there is no individual entity that wanders from one life to the next.

9 BEREITS VORHANDENES SUBJEKT

Kapitel 9 – pūrva parīkṣā - über uns und die unseren Erfahrungen zugrunde liegenden Objekte **(12 Verse)**

Pūrva bedeutet der vordere, voran seiend, voranstehend, früher; vorangegangen. Hier geht es um die Frage, ob Objekte die wir wahrnehmen durch uns als eine unabhängig existierende Entität wahrgenommen werden (ich bin das wahrnehmende Subjekt).

Thema

Sind die Objekte, die wir wahrnehmen, auch wirklich jene Objekte so wie sie uns erscheinen? Denn wenn das so wäre, dann gibt es einen Wahrnehmenden, der unabhängig von diesen Objekten wahrnimmt.

Alles was wir wahrnehmen, seien es Objekte, Empfindungen sowie Gefühle und Gedanken, wird aber erst existent eben durch diese unsere Wahrnehmung. Wir können nie hinter unsere Wahrnehmung blicken. Phänomene (wahrgenommene Objekte) und deren Attribute (die Wahrnehmung ihrer Eigenschaften) werden uns nur dann bewusst, wenn sie gemeinsam auftreten. Wahrnehmung ohne Objekte und deren Interpretation ist nicht vorhanden.

Hier geht es nicht um die Frage ob die Welt existiert oder nur gedacht wird, sondern wie die Welt existiert, die von uns erfahren wird. Und damit verbunden geht es auch um die Frage was oder wer ist das wahrnehmende Subjekt.

9 ALREADY EXISTING SUBJECT

Chapter 9 - pūrva parīkṣā – on us and the objects underlying our experiences **(12 verses)**

Pūrva means the forerunner, preceding, preceding, earlier; preceded.
The question here is whether objects that we perceive are perceived by us as an independently existing entity (I am the perceiving subject).

Topic

Are the objects that we perceive really those objects as they appear to us? If that is the case, then there is a perceiver who perceives independently of these objects.

Everything we perceive, are it objects, sensations as well as feelings and thoughts, only come into existence through our perception. We can never look beyond our perception. We only become aware of phenomena (perceived objects) and their attributes (the perception of their characteristics) when they occur together. There is no perception without objects and their interpretation.

The question here is not whether the world exists or is only thought, but how the world exists that is experienced by us. And connected with this, the question of what or who is the perceiving subject also arises.

Unsere Identität entsteht im Wechselspiel mit „scheinbar eigenständigen“ Phänomenen bzw. Substanzen wie Wahrnehmungsobjekten, Gefühle, Gedanken, etc. Ohne dieses Wechselspiel ist auch unsere Identität nicht vorhanden. Wenn dieses Wechselspiel nicht stattfindet, wie zum Beispiel im traumlosen Schlaf, dann ist auch Selbstwahrnehmung einer Identität nicht vorhanden. Die Person kann von ihrer Erfahrung nicht getrennt werden.

„Cogito ergo sum“ – ich denke, nehme wahr also bin ich. Dies suggeriert uns, dass wir eine eigenständige Persönlichkeit mit einem unveränderten und stabilen Ich haben.

Das Ich existiert jedoch nicht, weil wir denken, sondern das Ich ist die Auswirkung des Denkens und all unserer Erfahrungen, die dann schließlich zusammengefasst unsere Person ausmachen. Endet das Denken, enden die Erfahrungen, dann verschwindet auch das Ich und damit die Persönlichkeit und das Ich als Bezugspunkt löst sich auf.

Ratschlag

Wir sollten uns bewusst sein, dass unsere Individualität ein ständig sich erneuerndes und wandelndes Phänomen ist, im Zusammenspiel mit der Welt in der wir leben.

Wir schaffen diese Welt unserer Erfahrungen in unterschiedlichsten Graden unserer Wahrnehmung. Die Welt wie sie wirklich ist, ist nicht die Welt die wir

Our identity arises in the interplay with "apparently independent" phenomena or substances such as objects of perception, feelings, thoughts, etc. Without this interplay, our identity is also not present. If this interplay does not take place, for example in dreamless sleep, then there is also no self-perception of an identity. The person cannot be separated from its experience.

“Cogito ergo sum” - I think, I perceive, therefore I am. This suggests to us that we have an independent personality with an unchanged and stable self.

However, the I does not exist because we think, but the I is the result of thinking and all of our experiences, which then ultimately make up our person. If the thinking ends, the experiences end, then the Ego disappears and with it the personality and the Ego as a point of reference dissolves.

Advice

We should be aware that our individuality is a constantly renewing and changing phenomenon in interaction with the world in which we live.

We create this world of our experiences in different degrees of our perception. The world as it really is, is not the world we know.

kennen. Unsere Welt ist eine Konstruktion und erzeugt somit die Realität unserer Welt.

Realität ist das was auf uns wirkt und was wir erkennen und erfahren können.

Wir sollten daher nicht einem falsch verstandenen Idealismus nachhängen. Die Welt ist nur insofern eine Erscheinungsform unseres Geistes, als sie von uns interpretiert, kategorisiert, bewertet und erfahren wird. Eine Schlussfolgerung daraus, dass eine Welt objektiv nicht existiert (Nihilismus) ist genauso wenig zulässig als zu behaupten die Welt unserer Erfahrung sei eine objektive Welt (reiner Materialismus).

10 FEUER UND BRENNEN

Kapitel 10 – agnīndhana parīkṣā - das Feuer entzünden (16 Verse)

Agni bedeutet Feuer und indhanam Entflammen bzw. auch Brennstoff.
Das Beispiel von Feuer und Brennstoff wurde zur Zeit Nāgārjunas oft verwendet, um damit das Verhältnis der Person an sich und den fünf Daseinsgruppen (skandha) auszudrücken.
Übersetzt man indhana als das Brennen, Entflammen und nicht als Brennstoff, dann wird die Argumentation verständlicher. Denn der Begriff vom Brennstoff wird als eine Substanz betrachtet, jedoch wird Brennen und Entflammen als ein Vorgang und als ein Geschehen betrachtet.

Our world is a construction and thus creates the reality of our world.

Reality is what affects us and what we can recognize and experience.

Therfeore we should not indulge in a misunderstood idealism. The world is only a manifestation of our mind insofar as it is interpreted, categorized, evaluated and experienced by us. A conclusion that a world does not objectively exist (nihilism) is just as inadmissible as claiming the world of our experience to be an objective world (pure materialism).

10 FIRE AND BURNING

Chapter 10 - agnīndhana parīkṣā - kindling the fire (16 verses)

Agni means fire and indhanam means to ignite or fuel.
The example of fire and fuel was often used in Nāgārjuna's time to express the relationship between the person and the five groups of existence (skandha).
If one translates indhana as burning, igniting and not as fuel, then the argument becomes more understandable. Because the concept of fuel is viewed as a substance, but burning and igniting is viewed as a process and something happening.

Thema

Nāgārjuna verwendet dieses Begriffspaar einerseits auf Antwort zur Auffassung der Schule der Vātsīputriya sowie der Sarvāstivādin (buddhistische Hinayana Schulen seiner Zeit) um aufzuzeigen, dass die Existenz von Feuer vom Vorhandensein des Brennens nicht getrennt werden kann, aber beides auch nicht für sich besteht. Dasselbe trifft auch auf die Daseinsformen (skandha) und die Eigenidentität (pudgala) zu.
Die Vātsīputriya betrachten nämlich die Existenz (svalaksana) der Daseinsformationen (upādāna skandha) als temporär und flüchtig. Die Sarvāstivādin betrachten sie als permanent vorhanden.
Weder das eine noch das andere ist zutreffend.

Unsere Identität ist kein eigenständiges Etwas, sie ist aber auch nicht flüchtige Illusion, weil die ihr zu Grunde liegenden Daseinsformen, die sogenannten Aggregate es nicht sind. So wie Feuer und das Brennen existieren, so existieren wir und alles was wir uns aneignen in diesem unserem Leben; untrennbar von den Daseinsformen aber auch nicht eigenständig zusammen mit den Daseinsformen.

Ein eigenständiges Phänomen oder eine eigenständige Entität die ohne Abhängigkeiten und ohne Verursachung aus sich heraus existiert, ist nicht denkbar.

Topic

Nāgārjuna uses this pair of terms on the one hand in response to the conception of the Vātsīputriya and the Sarvāstivādin (Buddhist Hinayana schools of his time) to show that the existence of fire cannot be separated from the presence of burning, but neither both does exist in themselves. The same applies to the forms of existence (skandha) and self-identity (pudgala).
The Vātsīputriya consider the existence (svalaksana) of the formations of existence (upādānaskandha) as temporary and transient. The Sarvāstivādin consider them as permanent.
Neither one is true.

Our identity is not an independent something, but it is also not a transient illusion, because the forms of existence on which it is based, the so-called aggregates, are not. Just as fire and burning exist, so do we and everything we appropriate exists in this life of ours; inseparable from the forms of existence, but also not independent together with the forms of existence.

An independent phenomenon or an independent entity that exists without dependencies and without causation is inconceivable.

Ratschlag

Die fünf Daseinsgruppen (skandha) machen uns als Person aus. Unsere Persönlichkeit kreist um das Ich, unseren Bezugspunkt.
Sowohl die Daseinsgruppen als auch das Ich an sich sind ohne Eigennatur und in Abhängigkeit existent.

Die Yogalehre sagt uns, wir sind nicht nur der Körper, wir sind nicht nur die Gefühle, wir sind nicht nur das Denken, usw. Dies sollten wir beherzigen und uns immer als eine Ansammlung von in Abhängigkeit und Wechselwirkung bestehenden Zuständen begreifen.

Wenn der Körper sich meldet, sei es durch Müdigkeit oder Schmerz, dann meldet sich nicht der Körper, es ist das Wechselspiel zwischen Form, Empfinden, Wahrnehmung, Motivationen und Aufmerksamkeit sowie Bewusstsein. Und das gilt ebenso wenn Gefühle aufsteigen, wenn Gedanken kommen und gehen.

Es ist niemals etwas Isoliertes, sondern uns wiederfahren Ereignisse immer nur in Verbundenheit mit unterschiedlichen Erfahrungsmöglichkeiten, zusammen in Abhängigkeit nicht isoliert und getrennt.

Advice

The five groups of existence (skandha) define us as a person. Our personality revolves around the self, our point of reference.
Both the groups of existence and the self in itself are without their own nature and exist in dependency.

Yoga teachings tell us that we are not just the body, we are not just the feelings, we are not just the thinking, etc. We should heed this and always see ourselves as a collection of interdependent and entangled states.

When the body send us a signal, be it through tiredness or pain, then the body itself does not report, it is the interplay between form, sensation, perception, motivations and attention as well as awareness. And that also applies when feelings arise, when thoughts come and go.

It is never something isolated, but events happen to us only in connection with different possibilities of experience, together in dependence not isolated and separated.

11 SAṂSĀRA

Kapitel 11 – pūrvāparakoṭi parīk ṣā - über die Extreme eines Beginns und eines Endes (8 Verse)

Pūrvāpara bedeutet früher und später oder vorangehend und nachfolgend, auf einander folgend, zusammenhängend.
Koṭi steht hier für Endpunkte oder Alternativen im Sinne von pūrvāpara (früher später, vorangehend nachfolgend).

Es geht hier also um die Betrachtungsweise des Anfangs und des Endes aller Geschehnisse.

Thema

Ein Entstehen und ein Ende des Weltgeschehens (saṃsāra) ist unbegreiflich (na vidyate). Es gibt keine lineare Kette von kausalen Prozessen, denn dies würde wiederum einen Anfangs- und Endzustand bedingen.

Das Suche nach einem vorher, jetzt und nachher ist eine Beilegung unser Wahrnehmung und somit eine geistig konstruierte Struktur, um sich im Geschehen des Weltflusses (saṃtāna) orientieren zu können. Die Frage nach einem Anfang oder einem Ende impliziert darüber hinaus wiederum etwas, nämlich vor dem Anfang und nach dem Ende.

Ratschlag

Wir erfahren und überblicken unsere momentane Existenz und durch Erinnerung und indirekte

11 SAṂSĀRA

Chapter 11 - pūrvāparakoṭi parīkṣā - about the extremes of a beginning and an end
(8 verses)

Pūrvāpara means earlier and later or preceding and following, consecutively, connected.
Koṭi here stands for endpoints or alternatives in the sense of pūrvāpara (earlier later, previously following).

So it is about the way of looking about the beginning and the end of all events.

Topic

An arising and an end of the world (saṃsāra) is incomprehensible (na vidyate). There is no linear chain of causal processes, because this would in turn require a beginning and an end state.

The search for something before, now and after is a feature of our perception and thus a spiritually constructed structure in order to be able to orientate oneself in the events of the world flow (saṃtāna). The question of a beginning or an end also implies something, namely something before the beginning and after the end.

Advice

We experience and survey our current existence and through memory and deductive reasoning we

Schlussfolgerung erkennen wir einen Anfang – unsere Geburt. In ähnlicher Weise betrachten wir auch unser persönliches Ende – unseren Tod.

Wer den Kreislauf, der ohne Anfangs- und Endpunkt sich entfaltet, akzeptiert wird weder sich in der Vergangenheit noch in der Zukunft verlieren, noch die Gegenwart als alleinig wichtig betrachten.

Deshalb sollten wir nicht an Vergangenem hängen. Wir sollten uns auch nicht Vorwürfe über Vergangenes machen. Beschämt sollen wir sein, wenn unsere Handlungsweise und Entscheidungen unheilsam waren, aber wir sollten uns nicht als Sünder abkanzeln.
Pläne für die Zukunft sollen wir machen soweit dies notwendig ist, aber wir müssen uns davor hüten unsere Zukunft stets vorauszuplanen und damit kontrollieren zu wollen.
Spontanität ist weder am Vergangenen noch an der Zukunft zu hängen.

12 LEIDERFAHRUNG

Kapitel 12 – duḥkha parīkṣā - Leiderfahrung

(10 Verse)

Duḥkha bedeutet unbehaglich unangenehm, widerwärtig, mit Ungemach verbunden Unbehagen, Schmerz, Leid.
Es ist eines der drei Daseinsmerkmale (trilakṣaṇa) und ein zentraler Begriff der buddhistischen Lehrdarlegung. Hier geht es um dies Unzufriedenheit, die wir oft Leid und Leiderfahrung nennen.

recognize a beginning - our birth. In a similar way, we also look at our personal end - our death.

Whoever accepts the cycle that unfolds without a beginning or end point will neither get lost in the past nor in the future, nor will he regard the present as the only important period.

So we shouldn't cling to the past. We shouldn't blame ourselves about the past either. We should be ashamed when our actions and choices have been unwholesome, but we should not make ourselves inferior as sinners.
We should make plans for the future as far as this is necessary, but we must be careful not to always plan ahead and thus want to control our future.
Spontaneity is neither to cling on the past or the future.

12 SUFFERING

Chapter 12 - duḥkha parīkṣā - experience of suffering (10 verses)

Duḥkha means uncomfortable, disagreeable, disgusting, uncomfortable, pain, suffering.
It is one of the three characteristics of existence (trilakṣaṇa) and a central concept of the Buddhist teaching. This is about this dissatisfaction, which we often call suffering and experience of sadness.

Thema

Die Person ist eine Wechselwirkung der Geistformationen (skandha) und daher ist unsere Leiderfahrung, diese immanente Unzufriedenheit, ebenfalls eine unabdingbare Wechselwirkung innerhalb der skandhas.
Unbehagen und Schmerz, Leid, wird nicht erfahren, es ist eine Wirkung auf und in unserer Person.

Leid ist leider eine Übersetzung, die den Begriff duḥkha nur unvollkommen wiedergibt. Vielmehr ist hier Unzufriedenheit im Sinnen von Widerständen und Reibung mit den erfahrbaren Phänomenen gemeint.

Ein Wagenrad dreht sich ungehemmt um seine Nabe. Dies erzeugt einen reibungslosen Ablauf. Ist die Nabe durch Verunreinigungen gehemmt, so wird auch die Drehung des Rades nicht frei laufen. Das freie Drehen bezeichnet man in Sanskrit und Pali als sukha. Dies wird synonym auch als angenehm, behaglich, Wohlbefinden, Genuss, Freude verstanden und benutzt.
Die Hemmung dieser Bewegung wäre dann duḥkha.

Unsere Welt, all unsere Erfahrung, Wahrnehmung, Interpretation, usw. dreht sich um unser Ich. Das Rad dreht sich um seine Nabe. Ist diese Nabe, das Zentrum unserer Persönlichkeit, verschmutzt, d.h. durch Unwissenheit getrübt, dann entsteht Unzufriedenheit, Leiderfahrung.

Topic

The person is an interaction of the mind formations (skandha) and therefore our experience of dissatifaction, this immanent dissatisfaction, is also an indispensable interaction within the skandhas. Discomfort and pain, suffering, is not experienced; it is an effect on and in our person.

Unfortunately, suffering is a translation that only incompletely reproduces the term duḥkha. Rather, what is meant here is dissatisfaction in the sense of resistance and friction with the phenomena that can be experienced.

A wagon wheel turns freely around its hub. This creates a smooth process. If the hub is blocked by dirt, the wheel will not turn freely either. Free turning is called sukha in Sanskrit and Pali. This is also understood and used synonymously as pleasant, comfortable, well-being, enjoyment, joy.
The inhibition of this movement would then be duḥkha.

Our world, all of our experience, perception, interpretation, etc. revolves around our self. The wheel rotates around its hub. Is this hub, the center of our personality, polluted, i.e. polluted by ignorance, then dissatisfaction, experience of suffering arises.

Insofern haftet allen Phänomenen und Erscheinungsformen dieser Welt der Beigeschmack einer Unzufriedenheit an. Aus Unwissenheit (avidyā) sind wir ständig bemüht im Wechsel (anitya) Unveränderlichkeit zu finden und postulieren für uns selbst, unser Ich, ebenfalls Ewigkeit obwohl ein ewiges Ich nicht aufzufinden ist (anātman). Daher kann man sagen alles Leben (dharma) ist dem Leiden (duḥkha) unterworfen.

Ratschlag

Leiderfahrung ist die immanente Unzufriedenheit die wir ständig in uns tragen, weil die Phänomene der Welt in uns und außerhalb von uns nicht unseren Erwartungen entsprechen. Wir sehen die Welt nicht wie sie ist (yathābhūta) sondern als eine Reaktion auf die jeweilige Situation und die Bedingungen denen wir unterworfen sind.

Diese Leiderfahrung kann solange wir keine vollkommene Klarsicht haben nicht verhindert werden. Solange wir der Unwissenheit (avidyā, moha) unterworfen sind, werden wir Begehren (tṛṣṇā) und Aversionen (dveṣa, doṣa) entwickeln. Solange diese Wurzelursachen (tri mūla) bestehen, bleibt unser Ich als Illusion dominant und trübt jede Aktion (Handlung, Motivation, Entscheidung) die wir durchführen.
Der rechte Weg zur Verminderung und schließlich zur Aufhebung dieser Unwissenheit wäre der Nachvollzug des vom Buddha gewiesenen Achtfachen Pfades (āryāṣṭāṅgamārga).

In this respect, all phenomena and manifestations in this world aftertaste of dissatisfaction. Out of ignorance (avidyā) we constantly try to find immutability in alternation (anitya) and postulate for ourselves, our ego, also eternity although an eternal Ego cannot be found (anātman). Hence all life (dharma) can be said to be subject to suffering (duḥkha).

Advice

Unfortunately experience is the immanent dissatisfaction that we constantly carry within us, because the phenomena of the world within and outside of us do not meet our expectations. We do not see the world as it is (yathābhūta) but rather as a reaction to the respective situation and the conditions to which we are subjected.

This experience of dissatisfaction cannot be prevented as long as we do not have full awareness. As long as we are subjected to ignorance (avidyā, moha), we will develop desires (tṛṣṇā) and aversions (dveṣa, doṣa). As long as these root causes (tri mūla) exist, our Ego remains dominant as an illusion and tarnishes every action (action, motivation, decision) we carry out.
The right way to reduce and finally to eliminate this ignorance would be to follow the eightfold path (āryāṣṭāṅgamārga) indicated by the Buddha.

13 BILDEKRÄFTE

Kapitel 13 – saṃskāra parīkṣā - über Bildekräfte
(8 Verse)

Saṃskāra bedeutet Zubereitung, Herstellung. Im Buddhismus „Alles was der Geist gestaltet und sich als real vorstellt, obgleich es eigenständig in der Wirklichkeit gar nicht besteht".

Dazu gehört die ganze materielle Welt und alles was an ihr zu haften scheint.
Saṃskṛta dharma sind alle Phänomene und Faktoren die durch Ursache (Kausalität) und Bedingungen (Kontitionalität) in Erscheinung treten.
Asaṃskṛta dharma ist ein Synonym für nirvāṇa und für ākāśa.

Thema

Alles Existierende ist der Veränderung unterworfen, alles wandelt sich. Es erscheint uns so, als ob es ein der Veränderung zu Grunde liegendes Sein (svabhạva) geben müsse.

Wir implizieren somit eine Kontinuität – ein der Veränderung unterworfenes Etwas.
Diese Kontinuität ist aber nicht ein der Veränderung unterworfenes Etwas, sondern die Veränderung hat sich selbst zur Grundlage. Substanzlosigkeit (śūnyatā) ist kein Etwas, sondern eine Eigenschaft des sich ständig wandelnden Prozesses, den wir Wirklichkeit nennen (saṃtāna).

13 CONDITIONING FACTORS

Chapter 13 - saṃskāra parīkṣā - on condtitioning factors (8 verses)

Saṃskāra means preparation, production. In Buddhism "everything that the mind creates and imagines as real, although it does not exist in reality on its own".

This includes the whole material world and everything that seems to adhere to it.
Saṃskṛta dharma are all phenomena and factors that appear through cause (causality) and conditions (contitionality).
Asaṃskṛta dharma is a synonym for nirvāṇa and for ākāśa.

Topic

All that exists is subject to change, everything transforms. It seems to us that there must be an underlying being (svabhāva) within this transformations.

We thus imply continuity - something which should be subject to change.
This continuity is not something that is subject to change, but change itself has it as its basis. Insubstantiality (śūnyatā) is not something, but a characteristic of the constantly changing process that we call reality (saṃtāna).

Durch das Zusammenfinden der Bildekräfte (saṃskāra) entsteht der Aufbau (dharma) unserer Welt und unsere Sicht darauf (saṃsāra). Jedes Phänomen, jedes Ereignis und somit jedes scheinbare Objekt dieser Welt, repräsentiert somit eine Prozesszustand in diesem Wandel.

Alle Erscheinungsformen (saṃskṛta dharmas) weisen vier Merkmale auf (caturlakṣaṇa).
* Geburt, Entstehen, Ursprung (jāti)
* Bestehen, Existenz (sthiti)
* Verfall, Altern (jarā)
* Vergehen, Entschwinden (anitya)

Daher besitzen alle Erscheinungsformen keine eigenständige und unveränderliche Existenz – sie sind leer davon (śūnya).
Die wahre Eigenschaft aller Erscheinungsformen ist daher ihre Leerheit (śūnyatā).

Das Zusammenfinden der Bildekräfte (saṃskāra) ist ein unabdingbares Phänomen der menschlichen Persönlichkeit.

Erwachen (nirvāṇa) ist eine Abschwächung dieser Bildekräfte bis hin zu deren Auflösung. Leer (śūnya) und Leerheit (śūnyatā) ist eine Ansicht.

„Leere bedeutet abhängig zu sein oder nicht in der Lage zu sein, im Wesentlichen für sich allein zu existieren. Aber die Nichtexistenz von Dingen, die eine Funktion erfüllen können, ist nicht die Bedeutung der Leere. "
Tsongkhapa über die Lehre Nagarjunas

Through the coming together of the conditioning factors (saṃskāra) the structure (dharma) of our world and our view of it (saṃsāra) arises. Every phenomenon, every event and thus every apparent object in this world represent a process state within this change.

All manifestations (saṃskṛta dharmas) have four characteristics (caturlakṣaṇa).
* birth, arising, origin (jāti)
* continuance, existence (sthiti)
* decay, aging (jarā)
* passing away, disappearing (anitya)

Therefore all manifestations have no independent and unchangeable existence - they are empty (śūnya) in themselves.
The true quality of all appearances is therefore their emptiness (śūnyatā).

The coming together of the conditioned factors (saṃskāra) is an indispensable phenomenon of the human personality.

Awakening (nirvāṇa) is a weakening of these formative forces up to their dissolution.

Void (śūnya) and voidness (śūnyatā) is a view.

"Emptiness of essence means to be dependent on, or being unable essentially not to stand on one's own. But non-existence of things that are able to perform a function is not the meaning of emptiness of essence."
Tsongkhapa about the teaching of Nagarjuna

Ratschlag

Der Begriff Leere sowie Leerheit wird oft synonym gebraucht und unter Buddhisten häufig zitiert. Auch in chinesischen buddhistischen Schulen spricht man häufig von kōng (空) und unterscheidet da nicht wirklich zwischen „leer an sich" (空的) für śūnya und „Leerheit" (空) für śūnyatā. Dieser Unterschied ist aber für ein Verständnis wesentlich und verhindert falsche Ansichten und Fehlinterpretationen.

Śūnya 空的 kōng de
Alle Erscheinungsformen und Phänomene sind ohne inhärente Eigennatur. Sie sind dem Wandel unterworfen und haben daher nur eine bedingte Existenz. Sie sind daher leer bezüglich einer eigenständigen unwandelbaren Substantialität. Das bedeutet jedoch nicht, dass sie nicht existieren und keine Realität haben.

Śūnyatā 空 kōng
Die wahre Natur allen Seins kann nur umschrieben werden. Wir bezeichnen das nicht Nennbare und Beschreibbare als Nichtzweiheit (advaya), Soheit (tathatā, dharmadhātu), Buddhanatur (tathatā garbha), Weisheits-Vollkommenheit (prajñā-pāramitā) oder als Raum (ākāśagarbha).

Aber auch diese Benennung ist innerhalb der konventionellen, empirischen und somit verhüllten Wahrheit (saṃvṛtisatya.). Sie spiegelt nur die höchste Wahrheit (paramārthasatya), ist es aber nicht.

Advice

The term empty and emptiness are often used synonymously and are often quoted among Buddhists. Also in Chinese Buddhist schools one speaks of kōng (空) and does not really differentiate between "empty in itself" (空 的) for śūnya and "emptiness" (空) for śūnyatā. This difference is essential for an understanding and prevents wrong views and misinterpretations.

Śūnya 空 的 kōng de
All manifestations and phenomena are without any intrinsic nature. They are subject to change and therefore have only a conditional existence. They are therefore empty of an independent, unchangeable substantiality. However, that doesn't mean they don't exist and have no reality.

Śūnyatā 空 kōng
The true nature of all being can only be circumscribed. We denote that which cannot be named and described as non-duality (advaya), suchness (tathatā, dharmadhātu), Buddha-nature (tathatāgarbha), wisdom-perfection (prajñāpāramitā) or space (ākāśagarbha).

But this naming is also within the conventional, empirical and thus veiled truth (saṃvṛtisatya.). It only reflects the highest truth (paramārthasatya), but it is not.

14 ZUSAMMENFINDEN

Kapitel 14 – saṃsarga parīkṣā - über Zusammenhänge **(8 Verse)**

Saṃsarga bedeutet sich vermengend , zusammen-laufend.
In diesem Kapitel geht es um Identität und Anderssein und was eigentlich Verbundensein bedeutet.

Thema

Ein Zusammentreffen sowie die Kombination von Phänomenen bedingt, dass Entitäten vorhanden sind und existieren. Es suggeriert, dass eigenständige Entitäten „zeitlich“ verbunden werden.
Die gegenseitige Beziehung im Zusammentreffen beruht somit auf dem Vorhandensein von ein oder mehreren für sich bestehenden Entitäten. Dies ist aber wie Nāgārjuna ausführt ein Irrtum, da bereits die Möglichkeit einer Beziehung das Vorhandensein von Getrenntem voraussetzt.

Was getrennt ist, hat Identität und was verbunden wird, muss unterschiedlich sein. Nun wird aber ausgeführt, dass eine wirkliche Identität nicht bestehen kann, sondern dies nur eine Interpretation von uns ist.

Hier haben wir einen wichtigen Vers, der uns durch das Aufzeigen der Diskrepanz zwischen Identität im Sinne einer Verbundenheit (pratītyasamutpāda) und der Substanzlosigkeit (śūnyatā), dem Fehlen einer innewohnenden Eigennatur, die Möglichkeit zum

14 COALESCENCE

Chapter 14 - saṃsarga parīkṣā - about coalescense

(8 verses)

Saṃsarga means merging, converging.
This chapter is about identity and otherness and what being connected actually means.

Topic

A coalescence and the combination of phenomena requires that entities exist and are located. It suggests that indiviual entities are "temporally" connected.
The mutual relationship in a merging requires that one or more self dependening enties already exist. But Nāgārjuna shows us, this is a mistake, because the possibility of a relationship implies the relationship of separated entities.

If something is separated, it must have identity. If something is merged, it must be separated. But now it is rejected that a real identity exists, this is only an interpretation of us.

Here we have an important statement which, by asking for the discrepancy between identity in the sense of connectedness and insubstantiality (śūnyatā), the lack of intrinsic self-nature, gives us the possibility to grasp totality (dharmadhātu).

Verständnis der Totalität (dharmadhātu) weisen kann.

Die Strukturen die wir in der Welt wahrnehmen, die Phänomene und Objekte darin, sind im Grunde immer nur Konstruktionen unseres Geistes. Verbundene Entitäten setzten zuvor getrennte Entitäten voraus. Diese können nicht ident oder gleichartig sein, da sie sonst ja nicht verbunden wären und wir keine Differenzierung wahrnehmen würden. Verbundenheit setzt also Differenzierung voraus und Differenzierung bedeutet Individualität. Die Idee von Individualität und Eigensein, ist aber wie wir schon gesehen haben auch nicht haltbar. Alle Entitäten sind ohne jegliche Eigennatur und somit auch nicht in ihrem wahren Sein als individuell festzustellen.

Identität und Anderssein sind ein Konstrukt unseres Geistes, um dieser Welt, die wir wahrnehmen und die wir ständig interpretieren, eine Struktur zu geben.

Ratschlag

Jede Wahrnehmung (saṃjñā) führt dazu, dass wir unsere Kenntnis, unser Wissen über die Welt erweitern und modifizieren.
Man kann zwei Arten von Erkenntnis, von Wissen (pramāṇa) feststellen.

* Indirekte Wahrnehmung und Erkenntnis (anumāna pramāṇa)
Getrübte und durch uns gefärbte Erkenntnis. Eine Wahrnehmung der Welt als Konstrukt unseres Geistes.

The structures that we perceive in the world, the phenomena and objects in it, are basically always only constructions of our mind. Connected entities require previously separate entities. These cannot be identical or similar, as otherwise they would not be connected and we would not perceive any differentiation. Connectedness therefore presupposes differentiation and differentiation means individuality. However, as we have already seen, the idea of individuality and self existence is not tenable either. All entities are without any intrinsic nature and therefore cannot be determined in their true being as individual.

Identity and otherness are a construct of our mind in order to give a structure to this world that we perceive and that we constantly interpret.

Advice

Each perception (saṃjñā) leads to the fact that we expand and modify our knowledge of the world. There are two kinds of knowledge, of awareness (pramāṇa).

* Indirect perception and knowledge (anumāna pramāṇa)
Knowledge clouded and colored by us. A perception of the world as a construct of our mind.

* Direkte Wahrnehmung und Erkenntnis (pratyakṣa pramāṇa)
Unmittelbare und nicht durch uns gefärbte Erkenntnis, eine Wahrnehmung der Welt wie sie ist (yathābhūtam). Eine solche Erkenntnis ist nur den Erleuchteten möglich.

Wir leben ständig im Bereich dieser indirekten Erkenntnis. Alles was wir lernen, studieren, an Wissen anhäufen, an Erfahrungen dazu gewinnen, all dies ist relativ und subjektiv gefärbt.

Erst wenn meditative Erfahrungen unsere Ego zentrierte Sichtweise und Dominanz abschwächen, schimmert direkte Wahrnehmung und Erkenntnis durch. Daher ist meditative Schulung (samyak vyāyāma, samyak smṛti und samyak samādhi) neben dem Studium (samyak dṛṣṭi, samyak saṃkalpa, vidyā) eine wesentliche Aufgabe, die wir als Praktizierende durchzuführen haben

15 EIGENNATUR

Kapitel 15 – svabhāva parīkṣā - über die Eigennatur

(11 Verse)

Svabhāva bedeutet die eigene Art des Seins, inhärentes Wesen.
In diesem Kapitel geht es um Existenz und Nicht-Existenz, um Identität und Verschiedenheit, letztlich um Sein und Nichtsein.

* Direct perception and knowledge (pratyakṣa pramāṇa)
Immediate knowledge that is not colored by us, a perception of the world as it is (yathābhūtam). Such knowledge is only possible for the enlightened Ones.

We live constantly in the realm of this indirect knowledge. Everything we learn, study, accumulate knowledge, gain experience, all of this is colored relative and subjectively.

Only when meditative experiences weaken our ego-centered view and dominance, then direct perception and knowledge begins to flare up. Therefore, meditative training (samyak vyāyāma, samyak smṛti and samyak samādhi) is an essential task that we as practitioners have to carry out alongside study (samyak dṛṣṭi, samyak saṃkalpa, vidyā).

15 SELF-NATURE

Chapter 15 - svabhāva parīkṣā - on self-nature (11 verses)

Svabhāva means one's own way of being, inherent being.
This chapter deals with existence and non-existence, identity and difference, ultimately being and non-being.

Thema

Da alles in Abhängigkeit existiert (pratītyasamutpāda) kann eine unabhängige Eigennatur (svabhāva) nicht wirklich existieren.
Eine innewohnende Eigennatur (svabhāva) sowie ein abhängiges, fremd bestimmtes Eigensein (parabhāva) sind beides Formen des In-Erscheinung-Tretens (bhava).
Identität und Verschiedenheit als auch Existenz (astitva) und Nicht-Existenz (nāstitva) sind Zustände, die wir dem Geschehen, welches wir erfahren und wahrnehmen, zuschreiben.

Die Welt in der wir leben ist letztlich eine Welt der Substanzlosigkeit (dharma nairātmya) und somit leer jeder Eigennatur (svabhāva).

Die Welt und alle Phänomene sowie Entitäten sind Klassifizierungen und Kategorisierungen, sie haben keine Eigennatur und existieren nur aus ihrer (gedanklichen) Abgrenzung heraus.

Die Welt (jagat, puruṣa) und alles Bestehende (dharma) manifestiert sich nicht aus einem Urgrund (prakṛti) heraus. Die Welt ist ein Schein, ein Spiel (līlā) der Abhängigkeiten, Bedingungen sowie Ursachen und Auswirkungen. Die Welt ist existent und real, aber sie wird von uns immer nur so wahrgenommen, wie wir sie erfassen können.

Ratschlag

Wenn wir der Meinung anhängen, alles existiert aus sich heraus und hat eine unabhängige Eigennatur,

Topic

Since everything exists in dependency (pratītyasamutpāda) an independent self-nature (svabhāva) cannot really exist.
An intrinsic nature (svabhāva) as well as a dependent, externally determined entity (parabhāva) are both forms of manifestation (bhava).
Identity and difference as well as existence (astitva) and non-existence (nāstitva) are states that we ascribe to the events that we experience and perceive.

The world in which we live is ultimately a world of insubstantiality (dharma nairātmya) and therefore devoid of any intrinsic nature (svabhāva).

The world and all phenomena as well as entities are classifications and categorizations. They have no intrinsic nature and only exist out of their (mental) delimitation.

The world (jagat, puruṣa) and everything that exists (dharma) does not manifest itself out of a primordial ground (prakṛti). The world is a mirage, a game (līlā) of dependencies, conditions, causes and effects. The world is existent and real, but we only perceive it as we can grasp it.

Advice

If we hold the opinion that everything exists out of itself and has an independent nature of its own,

dann ignorieren wird den Wandel und kämpfen ständig gegen nicht zu akzeptierende Veränderungen an.
Dies führt dazu, dass wir uns selbst oder wenigstens etwas in uns selbst als ewiges individuelles Dasein ansehen. Es kann auch dazu führen, dass wir einen Urgrund aller Erscheinungsformen annehmen aus dem heraus sich alles manifestiert.

Wenn wir der Meinung anhängen, alles ist ausschließlich fremdbestimmt, d.h. es ist in Abhängigkeit zu etwas dahinter Liegendem oder Höheren, dann treffen wir keine Entscheidungen mehr und fügen uns ständig in ein dominierendes Schicksal.

Letztlich verführen uns diese beiden fehlgeleiteten Ansichten zu zwei folgeschweren mentalen Einstellungen.

* innewohnende Eigennatur (svabhāva)
Ich selbst bin mir ausschließlich der Lehrer, ich brauche keinen Lehrer, alles im Leben kann durch mich bestimmt und kontrolliert werden.
Dies entspricht in etwa dem Hedonismus und festigt unseren Egoismus.

* fremd bestimmtes Eigensein (parabhāva)
Ich bin einem höheren oder göttlichen Willen ausgeliefert und den damit verbundenen Entscheidungen muss ich mich fügen.
Dies führt zu blindem Glauben und ist leider oft die Wurzel fehlgeleiteter Religiosität.

then we ignore change and constantly fight against unacceptable changes.
This leads to the fact that we see ourselves or at least something in ourselves as an eternal individual existence. It can also lead to the fact that we assume a source of all manifestations from which everything manifests itself.

If we hold to the opinion that everything is exclusively determined by others, i.e. it is dependent on something beyond it or something higher, then we no longer make any decisions and constantly submit to a dominant fate.

Ultimately, these two misguided views seduce us into two serious mental attitudes.

* intrinsic nature (svabhāva)
I as myself am exclusively the teacher, I don't need a teacher, everything in life can be determined and controlled by me.
This corresponds roughly to hedonism and strengthens our egoism.

* foreign related nature (parabhāva)
I am at the mercy of a higher or divine will and I have to submit to the related decisions.
This leads to blind faith and, unfortunately, is often the root of misguided religiosity.

16 ANHAFTEN UND BEFREIUNG

Kapitel 16 – bandhana mokṣa parīkṣā - über das Anhaften (10 Verse)

Bandhana bedeutet bindend, festhaltend, fesselnd. Mokṣa bedeutet Freiwerden, Befreiung als auch Erlösung von den Banden der Welt.
Hier geht es um die Frage, was saṃsāra (das ständige Wandern in der Welt) und nirvāṇa (das Beenden des ständigen Wanderns) letztlich bedeuten. Was bindet uns, was ist Befreiung eigentlich?

Thema

Kontinuität (bhavaṅgasota) besteht in der Abfolge von veränderlichen Existenzfaktoren, die sich beeinflussen. Anhaften (bandhana) ist nicht ein Haften an ein Etwas. Es gibt keine permanente Entität, die anhaftet. Es gibt auch kein Haften an eigenständige abgesonderte Entitäten.

Befreiung (mokṣa) ist nicht das Freiwerden von Anhaftungen, da es letztlich keine permanente Person (pudgala) gibt, die dann in Freiheit übrig bleibt. Befreiung ist das Schwinden (nirvāṇa) des sich ständig wiederholenden und erneuernden Prozesses der Bildung von Abhängigkeiten (pratītya-samutpāda) und das Nicht-Haften an diese Bindungen (kleśa)

Ratschlag

Das Anhaften an die Phänomene in der Welt verursacht ständig neue Bindungen.

16 BONDAGE AND RELEASE

Chapter 16 - bandhana mokṣa parīkṣā - on clinging

(10 verses)

Bandhana means binding, holding, captivating. Mokṣa means release, liberation and redemption from the entanglement to the world.
The question here is what saṃsāra (the constant wandering in the world) and nirvāṇa (the cessation of constant wandering) ultimately mean. What binds us, what actually is liberation?

Topic

Continuity (bhavaṅgasota) consists in the sequence of changing factors of existence that influence each other. Clinging (bandhana) is not a clinging to something. There is no permanent entity which is entangelt. There is also no clinging to independent separate entities.

Liberation (mokṣa) is not the release from entanglement, since ultimately there is no permanent person (pudgala) who then remains in freedom. Liberation is the disappearance (nirvāṇa) of the repetitive and renewing process of the formation of dependencies (pratītya-samutpāda) and the not clinging to these attachments (kleśa).

Advice

Clinging to the phenomenia in the world creates new attachments all the time.

Solange (willentliche) Aktivitäten (karma) Reaktionen (phala) nach sich ziehen, solange bewegen wir uns im Kreislauf des immer wieder neu Gestaltens und Gebundenseins.

Karma ist also die treibende Kraft, die uns an das Rad des Werdens und Vergehens bindet (samsara). Solange diese Verstrickung funktioniert, werden wir uns immer wieder binden. Dieser Zyklus endet auch dann nicht, wenn wir als einzelne Person dieses Leben verlassen.

Wir sollten aber nicht glauben, dass ein Seele oder ein Ego von einem Leben zum anderen wandert und damit die Existenzen verbindet. Seele im buddhistischen Sinn wäre in etwa das Zusammenwirken der Daseinsformen (skandha) und nicht ein körperloser unsterblicher Teil, wie es in den meisten Religionen angenommen wird. Daher ist der Begriff Seelenwanderung im Buddhismus unzutreffend. Genauso wäre es mit Wiedergeburt, da dies eine beständige Individualität voraussetzt die wiedergeboren wird. Da ist der Begriff „wieder in Erscheinung treten" schon etwas realistischer. Denn solange karmische Bedingungen Daseinselemente zu einer Person (pudgala) zusammenführen, solange tritt eine neue Person, eine geschaffene Individualität in Erscheinung. Die Abhängigkeit zur vorherigen Individualität erfolgt aber nicht direkt sondern wird durch nicht zur Ruhe gekommene Bedingungen und deren Ergreifen (tṛṣṇā) aufrecht erhalten.

Erst das vollständige Erlöschen (nirvāṇa) dieser karmischen Bindungen beendet den Prozess des wieder Entstehens (bhava).

As long as (deliberately) activities (karma) lead to reactions (phala), we move in the cycle of constantly re-creating and being bound.

So karma is the driving force that binds us to the wheel of becoming and passing away (samsara). As long this entanglement is working, we will bind ourselves again and again. This cycle does not end even after we as an individual person leave this life.

But we shouldn't believe that a soul or an Ego is migrating from one life to another because it will connect our existence to the next one. Soul in the Buddhist sense would be roughly the interaction of the factors of existence (skandha) and not a disembodied, immortal part, as it is assumed in most religions. Therefore in Buddhism the term transmigration of souls is incorrect. It would be the same with the term rebirth, as this requires a constant individuality that is reborn. The term “reappear” is a bit more realistic. For as long as karmic conditions bring factors of existence together to form a person (pudgala), as long a new person or individuality will appear. The dependency on the previous individuality does not take place directly but is maintained by conditions that have not come to rest and are caused by their grasping (tṛṣṇā).

Only the complete cessation (nirvāṇa) of these karmic conditions ends the process of reemergence (bhava).

Kapitel 17 – karma phala parīkṣā - über die Frucht der Aktivität (33 Verse)

Karma bedeutet Handlung, Tätigkeit, Werk und phala bedeutet Frucht aber auch Gewinn.
In diesem Kapitel geht es um die Ergebnisse und unsere bewussten Handlungen, um die Auswirkungen unserer Tatabsichten, also um die Frucht dessen was wir säen.
Aber es geht dabei auch um ein tieferes Verständnis von Karma (karman – Handlung, Tat, Verrichtung & vipāka – Lohn, Folgen, Resultat).

Thema

Karma ist Aktivität durch Körper (Tat), Rede (Formung und Motivation) und Geist (willentliche Entscheidung). Es ist die Handlung, die bewusst (cetanā) gesetzt wird.

Der Gedanke „was wir säen, das werden wir ernten" trifft so eigentlich nicht zu und wird von Nāgārjuna auch in Frage gestellt.
Säen bedingt Samen und Samen sind für sich existierende Objekte aus denen eine Frucht bzw. eine Pflanze heraus wachsen wird. Taten, Motivation und willentliche Entscheidungen führen zwar unweigerlich zu entsprechenden Resultaten, d.h. Aktivität erzeugt Auswirkung, schafft also neue Bedingungen aber es erzeugt zwangsläufig nicht unmittelbar einen Effekt (phala). Es handelt sich hierbei nicht um ein eigenständiges Phänomen sondern vielmehr ist Karma der Motor, der unsere

17 CAUSE AND EFFECT

Chapter 17 - karma phala parīkṣā - on the fruit of activity (33 verses)

Karma means action, activity, work and phala means fruit but also profit.
This chapter is about the results and our conscious actions, about the effects of our intentions, that is, about the fruit of what we sow.
But it is also about a deeper understanding of karma (karman - action, deed, performance & vipāka - reward, consequences, result).

Topic

Karma is activity through body (deed), speech (formation and motivation) and mind (deliberately decision). It is the act that is consciously (cetanā) done.

The thought "what we sow, we will reap" does not really apply and is also called into question by Nāgārjuna.
Sowing requires seeds and seeds are objects that exist in themselves from which a fruit or a plant will grow. Actions, motivation and deliberately decisions inevitably lead to corresponding results, i.e. activity creates impact, so it creates new conditions but it does not necessarily produce an effect (phala) immediately. This is not an independent phenomenon, but rather karma is the engine that keeps our world and us running.

Welt und uns selbst am Laufen erhält. Und dieser Motor ist so lange in Betrieb solange er mit Energie versorgt wird.

Solange wir auf Bedingungen als Individuum reagieren, solange wir Ego-zentriert handeln, solange wir in Taten, Motivation und willentlichen Entscheidungen unsere Individualität stärken, werden wir diesem Motor Energie zuführen, d.h. Karma erzeugen. Erst wenn dieser Kreislauf unterbrochen wird, ist Befreiung möglich. Die eigene Kultivierung und die unentwegte Anstrengung (bhāvanā) gibt uns den Schlüssel in die Hand diesen Effekt des immer wieder neu Antreibens, abzuschwächen und schließlich zu beenden.

Letztlich ist die Vorstellung einer Frucht des Karma (phala) nicht ganz korrekt, denn ein Motor ist nicht die Bewegung, der Motor ist in Bewegung, er arbeitet weil er versorgt wird.

Ratschlag

Die Aussage, „das ist mein Karma" sollte man sehr kritisch betrachten.
Karma schaffen wir dann, wenn wir eine Tatabsicht haben, eine willentliche und somit bewusste Entscheidung herbeiführen (karmacetanā).

Die damit erzeugte Aktivität ist aber weder gut noch böse, sie kann heilsam (kuśala) oder unheilsam (akuśala) motiviert sein.

Heilsam motivierte Aktivitäten schaffen letztlich Verdienste (puṇya), welche sich gewissermaßen

And this engine is in operation as long as it is supplied with energy.

As long as we respond to conditions as individuals, as long as we act ego-centered, as long as we are in action, motivation and deliberately decisions will strengthen our individuality. We will feed this engine with energy, i.e. generate karma. Liberation is only possible when this cycle is interrupted. Our own cultivation and the relentless effort (bhāvanā) give us the key to weaken and finally to end this effect of constantly renewed impulses.

Ultimately, the idea of a fruit of karma (phala) is not entirely correct, because the engine is not the movement, the engine is in motion, it works because it is being supplied.

Advice

The statement, "this is my karma" should be viewed very critically.
We create karma when we have an intention to do something, bring about a willful and thus conscious decision (karmacetanā).

The activity thus generated is neither good nor bad, it can be wholesome (kuśala) or unwholesome (akuśala) motivated.

Wholesome motivated activities ultimately create merits (puṇya), which to a certain extent accumulate before they then come to maturity or affect.

ansammeln bevor sie dann zur Reife kommen oder sich auswirken. Dies muss nicht unmittelbar erfolgen, sondern kann sich auch über verschiedene Leben erstrecken (puṇyasaṃbhāra.).

Ebenso können unheilsam motivierte Verdienste (pāpa) auch erst später, nachdem sie sich angehäuft haben, zur Reife kommen.

18 DAS SELBST

Kapitel 18 – ātma parīkṣā - über das Selbst **(12 Verse)**

Ātman bedeutet Seele (als Prinzip von Leben und Empfindung), das Selbst, die eigene Person.
In diesem Kapitel legt uns Nāgārjuna nochmals die Sicht auf unser sogenanntes eigenes Selbst und damit auch auf den Begriff der Wahrheit nahe.

Thema

Das Selbst ist unsere fokussierte Wahrnehmung des Zusammenspiels der unterschiedlichen Daseinsfaktoren (skandha).
Dies zu erkennen und mit dieser Erkenntnis in der rechten Weise umzugehen (āryāṣṭāṅgamārga) ist notwendig. Es geht nicht darum das Selbst zu analysieren, um es dann zu durchschauen oder zu überwinden, denn damit bleibt letztlich der Überwinder (d.h. das Selbst) erst recht übrig. Die Höchste Wirklichkeit (paramārtha), die wahre Natur des Seins (tattva) ist jenseits der Begriffe und gedanklichen Formulierungen.

This does not have to take place immediately, but can also extend over different lifetimes (puṇya saṃbhāra.).

Likewise, unwholesome merits (pāpa) may only come to maturity later, after they have accumulated.

18 ABOUT SELF

Chapter 18 - ātma parīkṣā - on the self (12 verses)

Ātman means soul (as the principle of life and sensation), the self, the own person.
In this chapter, Nāgārjuna again suggests the view of our so-called own self and thus also of the concept of truth.

Topic

The self is our focused perception of the interplay of the different factors of existence (skandha).
It is necessary to recognize this and to deal with this knowledge in the right way (āryāṣṭāṅgamārga). It is not about analyzing the self in order to see through it or to overcome it, because ultimately the overcomer (i.e. the self) remains at least. The Supreme Reality (paramārtha), the true nature of being (tattva), is beyond concepts and conceptual formulations.

Selbst (ātman) und Eigennatur (svabhāva) sind nicht Emanationen des Absoluten (para-bhāva), das wäre wiederum eine falsche Konzeptualisierung. Selbst und Persönlichkeit ergeben sich aus dem Zusammenspiel der Gestaltungskräfte (skandha).

Nirvikalpa (keine Alternative zulassend, wechsellos, nicht differenziert) ist nicht die Abwesenheit der Subjekt-Objekt Unterscheidung, sondern die Nicht-Unterscheidung von Ideen und Begriffen, bzw. die Aufhebung der Dualität.

Ratschlag

Das Selbst, unser zentraler Bezugspunkt des Lebens, das Ego, ist vorhanden weil die uns ausmachenden fünf Daseinsformen (skandha) zusammengefunden haben. Wir können das Ego, unser Ich, keiner dieser Daseinsgruppen direkt zuordnen; wir sind nicht der Körper (rūpa), die Empfindung (vedanā), die Wahrnehmung (saṃjñā) aber auch nicht die Geistformationen (saṃskāra) oder das Bewusstsein (vijñāna). Unser Ich (manas) ist aber real und nicht ein Phantom.

Als Fokuspunkt unserer Existenz ist das Ich vorwiegend nach außen gerichtet (manovijñāna) aber auch nach innen ausgerichtet (ālayavijñāna). Erst wenn diese Dualität sich auflöst, erst dann schwindet die Dominanz des Ich und wirklichkeits-gemäßes Erkennen ist möglich.

In der Abwesenheit von Unterscheidung und somit Dualität offenbart sich dann die wahre Natur aller Erscheinungsformen.

Self (ātman) and self-nature (svabhāva) are not emanations of the absolute (para-bhāva); that would again be a wrong conceptualization. Self and personality result from the interplay of creative forces (skandha).

Nirvikalpa (allowing no alternative, changeless, not differentiated) is not the absence of the subject-object distinction, but the non-differentiation of ideas and concepts, or the abolition of duality.

Advice

The self, our central point of reference in life, the ego, is there because the five aspects of existence (skandha) that make us up have come together. We cannot assign the Ego, our I, directly to any of these groups of existence. We are not the body (rūpa), the sensation (vedanā), the perception (saṃjñā) but also not the mind formations (saṃskāra) or the consciousness (vijñāna). But our Ego (manas) is real and not a phantom.

As the focal point of our existence, the Ego is primarily directed outwards (manovijñāna) but also inwards (ālayavijñāna). Only when this duality dissolves, only then does the dominance of the Ego vanish and realistic insight is possible.

In the absence of distinction and thus duality, the true nature of all manifestations is revealed.

Dies kann aber nur durch den Weg der Meditation erreicht werden, der schließlich zu dieser Erfahrung (nirvikalpajñāna) hinführt.

19 ZEIT

Kapitel 19 – kāla - über die Zeit (6 Verse)

Kāla bedeutet Zeit, Weltordnung, Schicksal.
Hier wird der Begriff der Zeit untersucht und die Frage nach Vergangenheit, Gegenwart und Zukunft erörtert.

Thema

Zeit ist eine Referenzgröße und eine Bezeichnung für eine Verhältnismäßigkeit. Dies ist das gleiche wie bei anderen Bezeichnungen wie groß - mittel - klein, links - in der Mitte - rechts.
Zeit als reale Einheit existiert nicht. Zeit ist ein Fluss und Zeiten wie gestern, heute, morgen sind Bezugspunkte in diesem Fluss.
Als Bezugspunkte haben sie aber ohne Fluss keine eigenständige Existenz. Wird der Bezugspunkt zur statischen bzw. eigenständigen Entität, verschwindet der Fluss. Schöpft man Wasser aus dem Fluss, dann hat man Wasser und keinen Fluss mehr in seinem Eimer.

Jede Wahrnehmung eines Phänomens ist eine Wahrnehmung eines Ereignisses in der Zeit. Jede Wahrnehmung einer Entität ist eine Wahrnehmung und Abgrenzung bzw. Vereinzelung im Raum.

However, this can only be achieved through the path of meditation which ultimately leads to this experience (nirvikalpajñāna).

19 TIME

Chapter 19 - kāla - about time **(6 verses)**

Kāla means time, world order, fate.
Here the concept of time is examined and the question of past, present and future is discussed.

Topic

Time is a reference variable and a term for proportionality. This is the same as other names like large - medium - small, left - in the middle - right. Time as a real unit does not exist. Time is a flow and times like yesterday, today, tomorrow are reference points in this flow.
As reference points, however, they have no independent existence without a flow. If the reference point becomes a static or independent entity, the flow disappears. If you draw water from the river, you have water and no river in your bucket.

Every perception of a phenomenon is a perception of an event in time. Every perception of an entity is a perception and delimitation or isolation in space.

Ratschlag

Es wird gesagt wie sollen in der Gegenwart leben. Doch was ist Gegenwart. Wenn wir ihrer gewahr sind ist sie bereits Vergangenheit.
In der Gegenwart zu leben bedeutet im Fluss, mit dem Fluss (saṃtāna) zu leben. Nicht an Vergangenem zu stark hängen, nicht das Zukünftige ständig planen zu wollen und auch nicht die Gegenwart, die ja eigentlich nicht wirklich existiert zu betonen.
Ein Leben im Hier und Jetzt ist ein Leben mit der Zeit, im Fluss der Zeit und daher ein Gewahrwerden von Zeit als Bezugsgröße und somit ohne Eigennatur.

20 TOTALITÄT

Kapitel 20 – sāmagrī parīkṣā - über Totalität
(24 Verse)

Sāmagrī bedeutet Gesamtheit.
In diesem Kapitel geht es um die Gesamtheit allen Bestehens (sāmagrī) sowie um die Verbundenheit allen Bestehens (saṅgati) in Hinblick auf Ursache (hetu) und Wirkung (phala).

Thema

Kausalität sowie Konditionalität ist eine spezifische Betrachtungsweise vor dem Hintergrund bzw. der Sicht einer wechselwirkenden Welt von Entitäten (saṅgati). Aus der Sicht der Gesamtheit (sāmagrī), ist Kausalität nicht vertretbar. Denn Ursache und Wirkung können in der Totalität nicht getrennt werden.

Advice

It is said you should live at the present. But what is the present. When we are aware of it, it is already in the past.
To live at the present means to live in the flow (saṃtāna). Not being too attached to the past, not wanting to constantly plan the future and not emphasizing the present, which actually doesn't really exist.
A life in the here and now is a life inside the time, in the reality of time and thus an awareness of time as a reference variable and thus without intrinsic nature.

20 TOTALITY

Chapter 20 - sāmagrī parīkṣā - on totality (24 verses)

Sāmagrī means totality.
This chapter deals with the totality of all existence (sāmagrī) as well as the relatedness of all existence (saṅgati) with regard to cause (hetu) and effect (phala).

Topic

Causality as well as conditionality is a specific way of looking at things against the background or view of an interacting world of entities (saṅgati). From the point of view of the totality (sāmagrī), causality is not defensible. Because cause and effect cannot be separated in totality.

Alles Existierende begründet seine Existenz durch Beziehungen. Objekte sind nur präsent, wenn sie sich in Raum und Zeit abgrenzen. Wenn etwas ist, ist es nur dadurch, dass es sich von etwas anderem unterscheidet und davon abgesondert ist.

Daher hebt die Erfahrung der Totalität nicht nur Kausalität, sondern auch Sichtweisen wie Zeit (kāla) und Ort (svabhāva) auf.

Ursache (hetu) und Wirkung (phala) sind Begriffe einer Erklärung im Sinne des abhängigen Bestehens aller Erscheinungsformen. Sie sind ein Hinweis auf die Unselbstständigkeit aller Entitäten und deren Vernetzung miteinander.
Ebenso ist der Kreislauf des Entstehens und Vergehens abhängig von der Sichtweise einer Welt bestehend aus vernetzten und weitgehend eigenständigen Entitäten bzw. Komponenten. Erst mit dem Aufheben der Differenzierung löst sich die Sichtweise der Dualität (advaya) und der Ursache-Wirkung Abhängigkeit auf. Sie werden als Begriffe, als Benennungen von Gedachten und als Resultat einer Schlussfolgerung erkannt – leer an sich (śūnyatā).

Ratschlag

Ganzheitliches Denken wäre hier ein entsprechender Ansatz. Dies bedingt, dass man sich klar darüber ist, dass weder ein Reduktionismus (einzeln existierende Entitäten bilden in ihrer Gesamtheit diese Welt) noch ein Atomismus (die Welt besteht aus nicht mehr weiter teilbaren Einzelteilen) eine Hilfe beim Erkennen der wahren Natur unsere Welt sein kann. Letztlich wäre ein holistischer Ansatz wünschenswert.

Everything that exists establishes its existence through relationships. Objects are only present when they are delimited in space and time. If something is, it is only because it is different from and separated from something else.

Therefore, the experience of totality not only negates causality, but abolishes points of view such as time (kāla) and place (svabhāva).

Cause (hetu) and effect (phala) are terms of an explanation in the sense of the dependent existence of all manifestations. They are an indication of the non-independence of all entities and their interconnectedness.
The cycle of creation and decay is also dependent on the perspective of a world consisting of networked and largely independent entities or components. Only when the differentiation is abolished the perspective of duality (advaya) and cause-effect dependency will dissolve. They are recognized as concepts, as designations of thoughts and as the result of a conclusion - empty in itself (śūnyatā).

Advice

Holistic thinking would be a corresponding approach here. This requires that one is clear about the fact that neither a reductionism (individually existing entities in their entirety form this world) nor an atomism (the world consists of individual parts that can no longer be divided) can be of assistance in recognizing the true nature of our world. Ultimately, a holistic approach would be desirable.

Die Welt kann nur als Ganzes und nicht als Zusammensetzung ihrer Teile wirklich begriffen werden.

Im chinesischen Buddhismus hat die Avataṃsaka Schule (华严宗 huá yán zōng) diese Ansicht akzentuiert.
Alle Erscheinungsformen (dharma) entstehen in Gleichzeitigkeit, aus sich selbst heraus – das Universum erschafft sich selbst. Alle Erscheinungsformen sind ohne jegliche Eigennatur und ihre Realität entsteht aus ihren Beziehungen zu anderen Erscheinungs-formen sowie auch zum Bewusstwerdungs-Vorgang der Wesen.

Wir sollten uns daher eingehender mit den Gedanken der holistischen Weltsicht auseinandersetzen und das Denken in Kategorien und Abgrenzungen hintanstellen.

21 ENTSTEHEN UND VERGEHEN

Kapitel 21 – saṃbhava vibhava parīkṣā - über das Entstehen und Vergehen **(21 Verse)**

Saṁbhava bedeutet Entstehen, Geburt, Erscheinen, Dasein.
Vibhava bedeutet Vernichtung, Untergang.
In diesem Kapitel geht es um Veränderung, um Leben und Sterben und es geht darum inwieweit dieses Geschehen Zustände eines Eigenseins sind.

The world can only be understood truly as a whole and not as a combination of its parts.

In Chinese Buddhism, the Avataṃsaka School (华严宗 huá yán zōng) accentuated this view.
All forms of appearance (dharma) arise simultaneously, out of themselves - the universe creates itself. All forms of appearance are without any intrinsic nature and their reality arises from their relationships to other forms of appearance as well as to the process of becoming conscious of beings.

We should therefore deal more closely with the thoughts of a holistic worldview and put thinking in categories and delimitations aside.

21 RISING AND PASSING

Chapter 21 - saṃbhava vibhava parīkṣā - on arising and passing away **(21 verses)**

Saṁbhava means arising, birth, appearance, existence.
Vibhava means destruction, downfall.
This chapter is about change, about life and death and it is about the extent to which these events are states of their own.

Thema

Wir nehmen an Veränderung beruht auf etwas, das sich verändert. Aber Veränderung ist nicht der Zustandswechsel eines dahinterliegenden Etwas (svabhāva), sondern die Bewegung existiert ohne Bewegtem. Die Phänomene erscheinen und verschwinden als in Raum und Zeit abgegrenzte Entitäten. Sie haben aber keine Eigenständigkeit an sich. Die Entitäten werden aus der Bewegung heraus sichtbar und erfahrbar.

Entstehen (saṁbhava) und Vergehen (vibhava) sind zwei untrennbare Aspekte desselben Vorgangs, des Lebensflusses (saṃtāna). Sie sind Sichtweisen, sie werden durch unsere Interpretation und Wahrnehmung auf die Welt projiziert. Sie haben daher keinen eigenständigen Bestand und lösen sich bei genauerer Betrachtung auf. Das Festhalten am Seienden führt zur Sichtweise von Entstehen und Vergehen.

Ratschlag

Unser Leben verändert sich ständig. Wir versuchen etwas fest zu halten, aber es entgleitet uns. Situationen entstehen plötzlich mit denen wir uns zurechtfinden müssen. Wir leben sozusagen in ständiger Bewegung, denn Leben ist Bewegung, eine Abfolge von Latenz (das noch Verborgene strebt zur Erscheinung) und Manifestation.

Der scheinbare Urgrund allen Seins (tattva) ist somit jene wesentliche gemeinsame Realität (paramārtha)

Topic

We assume change is based on something that changes. But change is not the change of any underlying state of an entity (svabhāva), rather the movement exists without something moved. The phenomena appear and disappear as entities delimited in space and time. But they have no independence in themselves. The entities become visible and tangible by the movement.

Arising (saṁbhava) and passing away (vibhava) are two inseparable aspects of the same process, the flow of life (saṃtāna). They are points of view; they are projected onto the world through our interpretation and perception. They therefore do not have a separate nature and dissolve on closer inspection. Clinging to them leads to the view of arising and passing away.

Advice

Our lives are constantly changing. We try to hold on to something, but it slips away from us. Situations suddenly arise that we have to deal with. We live in constant movement, so to speak, because life is movement, a sequence of latency (what is still hidden strives to appear) and manifestation.

The apparent source of all being (tattva) is thus that essential common reality (paramārtha) in which all manifestations and phenomena (dharma) are embedded.

in der alle Erscheinungsformen und Phänomene (dharma) eingebettet sind.

反者 道之動 弱者 道之用
天下萬物生於有 有生於無

"Komplementarität ist die Veränderung
des Dao,
Nachgiebigkeit ist der Weg des Dao.
Alle Dinge unter dem Himmel erscheinen durch das Sein,
Sein entsteht aus Nichtsein. "

dao de jing 40

Die Welt, wie sie uns erscheint ist ständig in Bewegung (反者 fǎnzhě) und manifestiert sich in wechselseitigen, d.h. unabhängigen Erscheinungsformen (道之动 dāo zhīdòng). Dies erkennend (弱者 ruòzhě) sollten wir im Einklang damit leben (道之用 dāo zhīyòng). Die Welt und alle in Erscheinung tretenden Ereignisse sowie Entitäten (天下万物 tiānxià wànwù) werden aus einem angeblichen Urgrund heraus manifestiert (生于有 shēng yú yǒu). Aber all diese in Erscheinung tretenden Ereignisse sowie Entitäten (有生 yǒu shēng) besitzen keine Eigennatur (于无 yú wú) an sich, sie sind leer und manifestieren sich aus der Leerheit.

Wenn wir den Fluss des Lebens akzeptieren, wenn wir Entstehen und Vergehen als Realität hinnehmen, dann werden wir uns freier bewegen und zufriedener sein.
Der Fisch im Wasser nutzt die Strömungen, der Vogel in der Luft nutzt die Winde.

反者 道之動 弱者 道之用
天下萬物生於有 有生於無

"Complementarity is the changing of the Dao,
Softness is the way of the Dao.
All things under heaven come into being by arising,
Being arises from non-being."
dao de jing 40

The world as it appears to us is constantly in motion (反者 fǎnzhě) and manifests itself in mutual, i.e. independent forms of appearance (道之动 dāo zhīdòng). Realizing this (弱者 ruòzhě), we should live in accordance with it (道之用 dāo zhīyòng). The world and all appearing events as well as entities (天下万物 tiānxià wànwù) are manifested out of an alleged source (生于有 shēng yú yǒu).
But all these emerging events and entities (有生 yǒu shēng) have no intrinsic nature (于无 yú wú), they are empty and manifest themselves from emptiness.

If we accept the flow of life, if we accept arising and passing as reality, then we will live more freely and be happier.

The fish in the water uses the flow; the bird in the air uses the wind.

22 BUDDHANATUR

Kapitel 22 – tathāgata parīkṣā - über den Buddha (16 Verse)

Tathā bedeutet so, auf diese Weise und gata bedeutet das Fortgegangensein, Dahinsein. Das Wort kann aber auch anders getrennt werden, nämlich in tathā und āgata. Āgata bedeutet dann Eingetroffenes oder Erfolgtes. Die gängige Lesart ist allerdings tathā gata.

In jedem Falle ist damit der Erwachte, der Buddha gemeint, als derjenige, der darüber hinaus gegangen ist und die Erleuchtung erlangt hat.

In diesem Kapitel erhebt sich die Frage inwieweit ein Buddha als übernatürliche Wesenheit existiert.

Thema

Das begriffliche Erfassen des Wesens eines Buddhas ist nicht möglich. Ein Erwachter kann ebenso wenig beschrieben werden, wie die wahre Natur allen Seins. Zum Zwecke der Verständigung schaffen und verwenden wir aber Begriffe und Benennungen.

Die Bezeichnung des „Gegangenen" (tathā gata) suggeriert ein Wesen, welches etwas überwunden hat und darüber hinaus gegangen ist. Aber so wie jedes andere Wesen, existiert der Buddha als Person und damit als Individuum nur im Bezugspunkt seiner Daseinsfaktoren (skandha).

22 BUDDHA NATURE

Chapter 22 - tathāgata parīkṣā - on the Buddha (16 verses)

Tathā means so, in such a way and gata means gone away, gone. The word can also be separated differently, namely into tathā and āgata. Āgata then means what has occurred or what has happened. The common reading, however, is tathā gata.
In any case, the awakened one, the Buddha, is meant as the one who has gone beyond and attained enlightenment.
In this chapter the question arises to what extent a Buddha exists as a supernatural being.

Topic

It is not possible to conceptualize the essence of a Buddha. An awakened one can as less been described as the true nature of all being. For the purpose of understanding, however, we create and use terms and designations.

The term "gone" (tathā gata) suggests a being who has overcome something and has gone beyond it. But like every other being, the Buddha exists as a person and thus as an individual only in the reference point of his factors of existence (skandha).

Ein Buddha ist in diesem Sinne nicht ein Wesen, das die Anhaftungen (kleśa) abgelegt hat, sondern er ist ein Wesen, das die vollkommene Durchschauung und das Bewusstwerden des Lebens erreicht hat (smṛti, prajñā). Damit sind die Anhaftungen und die damit verbundenen Bedingungen und Sichtweisen nicht mehr wirksam. Damit heben sich auch die Unterscheidungen von „es ist“, „es ist nicht“, „sowohl als auch“, „entweder oder“ auf. (catuṣkoṭi, tetralemma).

Die Nicht-Substantialität und somit, die Nicht-Eigennatur (niḥsvabhāva) aller Erscheinungsformen (dharma), schließt alle Wesen (pudgala), die Welt (jagat) und somit auch den Tathāgata ein.

Ratschlag

Als ernsthaft Praktizierende entwickeln wir Achtsamkeit und Erkenntnis der wahren Natur aller Erscheinungen und verringern die Anhaftungen an die Bedingungen und Bindungen der Welt. Schließlich werden wir zu einem Wesen (sattva) welches zum Wohle Aller nach Erleuchtung (bodhi) strebt - ein Bodhisattva.

Aber auch als Bodhisattva sind wir den Bedingungen und dem abhängigen Entstehen und Vergehen (pratītyasamutpāda) in der Welt (saṃsāra) unterworfen, einzig unsere Reaktion darauf verstrickt uns nicht mehr in die daraus resultierenden Abhängigkeiten.

Ein Buddha aber ist ein Wesen, welches diese Bindungen an die Welt vollkommen überwunden

In this sense, a Buddha is not only a being who is free of attachments (kleśa), but is a being who has achieved complete understanding and awareness of life (smṛti, prajñā). This means that the attachments and the conditions and causes associated with them are no longer effective. This also eliminates the distinctions between "it is", "it is not", "as well as", "either or". (catuṣkoṭi, tetralemma).

The non-substantiality and thus the non-self-nature (niḥsvabhāva) of all manifestations (dharma) includes all beings (pudgala), the world (jagat) and thus also the Tathāgata.

Advice

As serious practitioners, we develop mindfulness and awareness of the true nature of all appearances and reduce attachments to the world's conditions and attractions. Eventually we become a being (sattva) who strives for enlightenment (bodhi) for the benefit of all - a bodhisattva.

But even as a Bodhisattva we are subject to the conditions and the dependent arising and ceasing (pratītyasamutpāda) in the world (saṃsāra), only our reaction to it no longer entangles us in the resulting dependencies.

A Buddha, however, is a being who has completely overcome these attachements to the world (nirvāṇa) and at the end of his life he enters into perfect extinction (parinirvāṇa).

(nirvāṇa) hat und am Ende seines Lebens in das Vollkommene Verlöschen (parinirvāṇa) eingeht. Daher ist es obsolet die Frage nach einem weiteren Sein zu stellen, wenn der Buddha als Mensch sein Leben beendet hat. Ebenso wenig kann man eine Aussage über den mentalen Zustand eines Buddha machen, da sich seine Existenz jeglicher Definition entzieht.

Ein Buddha repräsentiert für uns ein vollkommen erleuchtetes Wesen. Er hat die Unwissenheit (avidyā) abgelegt und ist den Anhaftungen (kleśa) nicht mehr unterworfen. Er erfährt die Welt der Wirklichkeit gemäß (yathābhūtam). Er ist so wie alle Phänomene und Entitäten dieser Welt ohne Eigennatur (niḥsvabhāva) und weil er dies für sich realisiert und durchschaut hat, repräsentiert er für uns die Leere (śūnyatā, tathāgatagarbha).

Wir sollten daher den Pfad des Bodhisattva folgen (bodhisattvamarga) und nicht über das Wesen und Sein des Buddha spekulieren. Denn das Wesen eines Buddha kann intellektuell nie erfasst werden. Wir können uns ihm nur in Demut (kṣānti, praśrabdhi) annähern.

23 VERWIRRUNG

Kapitel 23 – viparyāsa parīkṣā - über die falsche und schädliche Sichtweise **(25 Verse)**

Viparyāsa bedeutet Vertauschung, Verkehrung, ein Umschlagen zum Schlimmen, schlimme Wendung, verkehrte Ansicht, falsche Auffassung, Irrtum.

Therefore it is obsolete to ask the question of a further being when the Buddha has finished his life as a human being. Nor can one make a statement about the mental state of a Buddha, since his existence defies any definition.

For us, a Buddha represents a completely enlightened being. He has given up ignorance (avidyā) and is no longer subject to attachments (kleśa). He experiences the world according to reality (yathābhūtam). Like all phenomena and entities in this world, he is without intrinsic nature (niḥsvabhāva) and because he has realized and seen through this for himself, he represents for us emptiness (śūnyatā, tathāgatagarbha).

We should therefore follow the path of the bodhisattva (bodhisattvamarga) and not speculate about the nature and being of the Buddha. The essence of a Buddha can never be grasped intellectually. We can only approach him in humbleness (kṣānti, praśrabdhi).

23 CONFUSION

Chapter 23 - viparyāsa parīkṣā - on the wrong and harmful view **(25 verses)**

Viparyāsa means inversion, reversal, a change to the worse, bad turn, wrong view, wrong interpretation, error.

In diesem Kapitel geht es um die Trübungen unseres Geistes bei der Sichtweise auf diese Welt und uns selbst.

Thema

Annahmen, Neigungen sowie Vorlieben und Abneigung führen dazu, dass wir die Welt und uns selbst gefiltert, d.h. verdreht (viparyāsa) und dadurch gefärbt wahrnehmen. Diese Einfärbung ist nicht eine Eigenschaft der Welt, sondern ein Vorgang, welchen wir selbst verursachen.

Wenn wir diesen Vorgang bewusst wahrzunehmen beginnen, lichtet sich auch die verdrehte Sichtweise und Interpretation und diese Welt erscheint uns mehr und mehr im Lichte eines dynamischen Zusammenspiels all seiner Komponenten (pratītyasamutpāda) inklusive unserer Interpretation (vikalpa).

Die Verunreinigungen (kleśa), d.h. unsere Erfahrung von Sympathie und Antipathie, sind nicht Attribute der Phänomene (dharma) sondern Eigenschaften unserer Sichtweise (dṛṣṭi)

Die Welt erscheint uns immer so, wie wir sie sehen wollen und können. Sie zu sehen wie sie ist (paramārthasatya satya), bedeutet nicht die wahre Natur aller Erscheinungsformen zu sehen, sondern die Natur dieses Prozesses des Erscheinens der Erscheinungsformen (saṃvṛti satya) zu erkennen. Die wahre Natur an sich kann nämlich nicht geschaut werden.

This chapter is about the defilements in our mind when we look at this world and us.

Topic

Assumptions, inclinations as well as likes and dislikes lead to the fact that we filtered the world and ourselves, i.e. perceive twisted (viparyāsa) and thereby colored. This coloring is not a property of the world, but a process that we ourselves cause.

When we begin to consciously perceive this process, the twisted view and interpretation also clears and this world appears to us more and more in the light of a dynamic interplay of all its components (pratītyasamutpāda) including our interpretation (vikalpa).

The impurities (kleśa), i.e. our experience of sympathy and antipathy are not attributes of the phenomena (dharma) but properties of our point of view (dṛṣṭi).

The world always appears to us as we want and can see it. Seeing it as it is (paramārthasatya) does not mean seeing the true nature of all manifestations, but recognizing the nature of this process of manifestation appearing (saṃvṛti satya). For true nature in itself cannot be seen.

Irrige Ansichten (viparyāsa) werden durch das Schwinden der Unwissenheit (avidyā) aufgehoben. Es gibt im Wesentlichen zwei Arten der Sichtweise (saṃkalpa), die falsche Ansicht und die rechte Ansicht.

Falsche Ansicht (mithyā saṃkalpa) führt zu Sinneslust (rāga), Hass (dveṣa) und Verwirrung (moha).

Rechte Ansicht (samyak saṃkalpa) führt zur Freiheit von Sinneslust (vairāgya), zu Mitgefühl (karunā, adveṣa) und zu Erkenntnis (prajñā).

Ratschlag

Unwissen (avidyā) ist der Treiber, die eigentliche Wurzelursache (mūla kleśa) der anderen Trübungen unseres Geistes wie Gier, Leidenschaft Anhaften (rāga) sowie Aversion, Hass (dveṣa). Deshalb wird auch Unwissenheit als erstes der Glieder in der Kette des abhängigen Entstehens (pratītyasamutpāda) genannt.

Irrtum (viparyāsa, mithyādṛṣṭi) setzt Nicht-Irrtum (samyagdṛṣṭi) voraus, denn eine falsche Sichtweise muss doch einer richtigen Sichtweise gegenüberstehen und diese korrigieren. Letztlich sind sowohl falsche als auch richtige Sichtweisen Interpretationen im Bereich unserer Realität.

Realität ist die Welt in der wir leben, die wir erfahren und somit kategorisieren und interpretieren. Daher gibt es im Licht einer wahren Wirklichkeit keine Sichtweisen mehr, denn all diese würden immer unvollständig und interpretativ bleiben.

Erroneous views (viparyāsa) are canceled by the disappearance of ignorance (avidyā). There are essentially two types of view (saṃkalpa), the wrong view and the right view.

Wrong view (mithyā saṃkalpa) leads to lust (rāga), hatred (dveṣa) and confusion (moha).

Right view (samyak saṃkalpa) leads to freedom from lust (vairāgya), compassion (karunā, adveṣa) and wise knowledge (prajñā).

Advice

Ignorance (avidyā) is the driver, the actual root cause (mūla kleśa) of the other defilements of our mind such as greed, passion, attachment (rāga) as well as aversion, hate (dveṣa). That is why ignorance is named as the first link in the chain of dependent arising (pratītyasamutpāda).

Error (viparyāsa, mithyādṛṣṭi) presupposes non-error (samyagdṛṣṭi), because a wrong view has to be opposed to a right view and correct it. Ultimately, both wrong and right viewpoints are interpretations in the realm of our reality.

Reality is the world in which we live, which we experience and thus categorize and interpret. Therefore, in the light of a true reality, there are no more points of view, because all these would always be incomplete and interpretive.

Daher ist falsche Ansicht nicht Irrtum sondern getrübte Sicht, eine falsche und gefärbte Interpretation. Eine richtige Ansicht ist nicht die wahre Sicht sondern eine bessere Annäherung auf diese wahre Sicht. Denn im letzten Schritt dieser Annäherung gibt es keine Ansichten mehr auch keine richtigen.

Bodhidharma sagte als er in den Westen ging: „Nichts von heilig, nur offene Weite".
Seien wir uns bewusst, dass jede Sichtweise, jede Erfahrung eine Formulierung, eine Konstruktion unserer Sichtweise ist und niemals eine absolute Wahrheit darstellen kann.

24 WAHRHEIT

Kapitel 24 – arya satya - über die Edle Wahrheit (40 Verse)

Arya bedeutet treu, ergeben, das Beste.
Satya bedeutet Wirklichkeit, Wahrheit.
Im buddhistischen Sinne sind hier die Vier Edlen Wahrheiten (catvāryāryasatyāni) gemeint.
In diesem Kapitel geht es um die konventionelle Wahrheit (saṃvṛti satya, loka saṃvṛti) und um die absolute Wahrheit (paramārtha satya), sowie auch um die Lehre des Buddha (catvāryāryasatyāni) und um das in Abhängigkeit bestehende Erscheinen und Vergehen (pratītyasamutpāda) sowie um Leerheit (śūnyatā).

Therefore, a wrong view is not an error but a cloudy view, a wrong and colored interpretation. A correct view is not the true view, but a better approximation of that true view. Because in the last step of this approximation there are no longer any views even no correct ones.

Bodhidharma said when he went to the West: "Nothing holy, only open sky".
Let us be aware that every point of view, every experience is a formulation, a construction of our point of view and can never represent an absolute truth.

24 TRUTH

Chapter 24 - arya satya - on Noble Truth (40 verses)

Arya means loyal, devoted, the best.
Satya means reality, truth.
In the Buddhist sense, the four noble truths (catvāry āryasatyāni) are meant here.
This chapter deals with the conventional truth (saṃvṛti satya, loka saṃvṛti) and the absolute truth (paramārtha satya), as well as with the teaching of the Buddha (catvāryāryasatyāni) and with the dependent appearing and passing (pratītya samutpāda) as well as with emptiness (śūnyatā).

Thema

Die Vier Edlen Wahrheiten (catvāri āryasatyāni) sind eine Landkarte, um uns Wege in der Landschaft, die wir Welt und Existenz nennen, aufzuzeigen. So wie jede Landkarte beschreibt und interpretiert sie diese Landschaft, ist aber nicht ident mit dieser. Der Vorteil gerade dieser Karte (dharma), besteht jedoch darin, dass sie von einem Reisenden (tathāgata), der diese Landschaft durchquert hat, erstellt wurde. Sie ist beschreibend und ein Hilfsmittel für andere Reisende. Nachfolger und weitere Reisende, die ernsthaft diese Karte verwendet haben, haben dann im Lauf der Zeit manche Symbole zusätzlich hervorgehoben und genauer beschrieben und manche Wege detaillierter definiert. Damit sind die unterschiedlichen Strömungen bzw. Schulen im Buddhismus entstanden.

Drei Juwelen (triratna) ist eine symbolische Benennung für die drei zentralen Begriffswelten im Buddhismus. Der Buddha, die Lehre (dharma) sowie die Gemeinschaft derer die dieser Lehre folgen (sangha) ist eine Bennung und ebenfalls nur eine Bezeichnung und somit ohne Eigennatur.

Leerheit von Eigennatur (śūnya) ist die Eigenschaft die wir erfahren, Leerheit an sich (śūnyatā) ist eher ein auf unsere praktische Schlussfolgerung bezogener Ansatz anstatt ein absolutes Konzept einer Leerheit an sich.

All unsere Wahrnehmungen und Erfahrungen schaffen eine Welt gemäß unserer Möglichkeiten der Sinneserfahrungen und des Denkens (saṃvṛti satya)

Topic

The Four Noble Truths (catvāri āryasatyāni) are a map to show us paths in the landscape that we call world and existence. Like each map, it describes and interprets this landscape, but is not identical to it. The advantage of this map (dharma), however, is that it was created by a traveler (tathāgata) who has traversed this landscape. It is descriptive and a resource for other travelers. Successors and other travelers who have seriously used this map have then highlighted some symbols and described them more precisely and defined some routes in more detail. Thus the different accentuations and schools in Buddhism arose.

The three jewels (triratna) is a symbolic name for the three central conceptual areas in Buddhism. The Buddha, the doctrine (dharma) as well as the community of those who follow this doctrine (sangha) is a labeling and also only a naming and thus has no intrinsic nature.

Empty of an intrinsic nature (śūnya) is the quality we experience, empty in itself (śūnyatā) is more of a practical approach based on a logical conclusion rather than an absolute concept of voidness in itself.

All our perceptions and experiences create a world according to our possibilities of sensory experience and thinking (saṃvṛti satya) or rise above it. Then we create a picture of the world out of this context, out of a knowledge of totality (paramārtha satya).

oder erheben sich darüber hinaus. Dann schaffen wir ein Bild der Welt aus diesem Zusammenhang heraus, aus einer Erkenntnis der Totalität (paramārtha satya). Aber auch dies bleibt wiederum nur eine weitere Interpretation, eine Projektion unseres Denkens und damit eine Beschreibung einer Wirklichkeit.

Da jede Existenz einer zu Grunde liegenden Eigennatur (svabhāva) entbehrt, können wir über Entitäten nur in Begriffen des abhängigen Entstehens und Vergehens (pratītyasamutpāda) sprechen. Daher ist ohne Eigennatur sein (niḥsvabhāva, śūnya) und abhängiges Entstehen und Vergehen synonym zu sehen.
Gut und schlecht, heilsam (kuśala) und unheilsam (akuśala) ist keine Eigenschaft der Objekte, sondern eine Interpretation unseres Handelns, gemäß der momentanen Bedingungen. Daher wechselt auch das moralische Empfinden und Verhalten in der Zeit (anitya). Wir handeln gemäß der vorhandenen Dispositionen (saṃskāra) und können dadurch unsere Richtung im Leben bestimmen.

Ratschlag

Die Welt und alles was wir erfahren können, interpretieren wir und verbinden wir zu gedanklichen Abstraktionen. Wirklichkeit ist was auf uns wirkt und alle Wahrheit ist relativ. Die gelebte Realität ist, was wir gedanklich ordnen und erfassen können. Die Welt entsteht und vergeht in unserem Denken. Das Denken gibt uns Orientierung und Halt in diesem wechselvollen Strom endloser Erfahrungen.

But even this remains just another interpretation, a projection of our thinking and thus a mere description of a reality.

Since every existence lacks an underlying intrinsic nature (svabhāva), we can speak of entities only in terms of dependent arising and ceasing (pratītyasamutpāda). Therefore, being without own nature (niḥsvabhāva, śūnya) and the dependent arising and passing away are to be seen synonymously.

Good and bad, wholesome (kuśala) and unwholesome (akuśala) is not a characteristic of the objects, but an interpretation of our actions according to the current conditions. Therefore, the moral feeling and behavior changes over time (anitya). We act according to the existing dispositions (saṃskāra) and can thereby determine our direction in life.

Advice

We interpret the world and everything we can experience and combine them to form intellectual abstractions. Reality is what affects us and all truth is relative. The living reality is what we can mentally order and grasp. The world arises and vanishes in our thinking. Thinking gives us orientation and support in this changeable stream of endless experiences.

" Denken-geführt die Dinge sind,
Denken-gezeichnet, Denk-geformt ..."
(Dhammapada I,1)

Unser Denken gibt der Welt und den darin erfahrbaren Erscheinungen erst Sinn und Gültigkeit. Unser Denken ist die Struktur welche unser Bewusstwerden den Erfahrungen zu Grunde legt, um damit unsere Position als erfahrendes individuelles Wesen zu formen und zu festigen.

Wenn wir dies erkennen, wenn wir dies erfahren können, wenn uns unser Denkprozess als solch ein Mechanismus auch bewusst wird, dann haben wir das Tor zu einer neuen Erfahrung und zur Wurzel unseres Anhaftens an die interpretative gedankliche Projektion dieser Erscheinungswelt geöffnet.

"Die Welt, die wir erleben, schließt die Welt unseres Denkens ein, nicht aber umgekehrt; denn wir leben in verschiedenen Dimensionen, von denen die des Intellektes, der Fähigkeit diskursiven Denkens, nur eine ist."
Lama Anagarika Govinda

Hat der Buddha die absolute Wahrheit gelehrt und formuliert – nein. Hat der Buddha einen Weg zur Erfahrung und Erkenntnis hinsichtlich einer absoluten Wahrheit gelehrt –ja.

Daher ist intellektuelles Verständnis wichtig, da wir dieser Welt durch das Denken und durch begriffliches Kategorisieren erst eine Bedeutung und damit einen Wert geben. Ohne diesen wären wir orientierungslos und auch zu keiner Selbstreflektion fähig.

"Thought-guided things are
Think-drawn, thought-shaped ... "
(Dhammapada I, 1)

Our thinking gives the world and the phenomena that can be experienced in it meaning and validity. Our thinking is the structure on which our awareness of the experiences is based on, in order to shape and consolidate our position as an experiencing individual being.

If we realize this, if we can experience this, if our thought process as such a mechanism also becomes conscious, then we have opened the door to a new experience and to the root of our attachment to the interpretive thought projection of this world of appearances.

"The world we experience includes the world of our thinking, but not the other way around; for we live in different dimensions, of which that of the intellect, the ability to think discursively, is only one."
Lama Anagarika Govinda

Did the Buddha teach and formulate absolute truth - no. Did the Buddha teach a way to experience and knowledge regarding an absolute truth - yes.

This is why intellectual understanding is important, as we first give this world a meaning and thus a value through thinking and conceptual categorizing. Without this we would be disoriented and also incapable of self-reflection.

Wichtig dabei ist auch, dass wir den buddhistischen Begriffen nicht unsere eigene Bedeutung unterlegen, sondern versuchen ihren Sinn und Wesensgehalt zu ergründen. Daher sollten wir die Hilfe von seriösen Lehrern akzeptieren. Wir sollten aber auch Basiskenntnisse in einer der dem Dharma nahestehenden Sprachen haben (Pali, Sanskrit, Chinesisch oder Tibetisch), denn dass erweitert unseren gedanklichen Horizont hinsichtlich Interpretation und Verständnis wesentlich. Es hilft auch vorschnelle Trugschlüsse und Fehler hintan zu halten.

25 ERLÖSCHEN

Kapitel 25 – nirvāṇa parīkṣā - über NIrvana (24 Verse)

Nirvāṇa bedeutet Erlöschen. Es ist das restlose Erlöschen der drei Wurzelursachen (avidyā, tṛṣṇā, doṣa), die uns an den Kreislauf dieser Welt (saṃsāra) binden.
In diesem Kapitel wird der Begriff der Befreiung vom Leiden (duḥkha nirodha) erörtert.

Thema

Nirvāṇa, die Befreiung von Unwissenheit (avidyā) und damit das Nichthaften an Begehren (tṛṣṇā) und Aversion (doṣa) ist ein Zustand, der eintritt und das völlige zur Ruhe kommen der Bindungen (kleṣa) und Anhaftungen beinhaltet. Es ist das Freisein von diesen Bindungen im Ablauf des immerwährenden Lebensstromes (saṃtāna). Nirvāṇa wird nicht erreicht, es

It is also important that we do not underlay the Buddhist terms with our own meaning, but try to fathom their meaning and essence. Hence, we should accept help from reputable teachers. However, we should also have basic knowledge of one of the languages that are close to the Dharma (Pali, Sanskrit, Chinese or Tibetan), because that significantly broadens our conceptual horizon in terms of interpretation and understanding. It also helps to avoid hasty fallacies and mistakes.

25 FINAL LIBERATION

Chapter 25 - nirvāṇa parīkṣā - on NIrvana (24 verses)

Nirvāṇa means cessation. It is the complete extinction of the three root causes (avidyā, tṛṣṇā, doṣa) that bind us to the cycle of this world (saṃsāra).
In this chapter the concept of liberation from suffering (duḥkha nirodha) is discussed.

Topic

Nirvāṇa, the liberation from ignorance (avidyā) and thus the non-attachment to desire (tṛṣṇā) and aversion (doṣa) is a state that occurs and includes the complete calming of defilements (kleṣa) and attachments. It is the freedom from these ties in the course of the everlasting stream of life (saṃtāna). Nirvāṇa is not reached, it takes place - as a breakthrough

findet statt – als Durchbruch und Auflösung der Schleier, die uns die Sicht auf ein Wirklichkeit gemäßes Wahrnehmen trüben.

Wir erlangen nicht Freiheit, denn Freisein bedingt ein Subjekt welches frei ist von etwas. Daher bezeichnete der Buddha das Vollkommene Erwachen nicht als Freisein (mokṣa) sondern als Erlöschen (nirvāṇa).

Die Welt unserer Wahrnehmung, alles Gestaltete und Bestehende (saṃsāra) und das vollkommene Erwachen (nirvāṇa) sind untrennbar miteinander verbunden, daher sind saṃsāra und nirvāṇa eins. Denn das Erwachen aus der Sichtweise und den Anhaftungen dieser Welt ist die eigentliche Befreiung und das zur Ruhekommen der Trübungen unseres Geistes (kleṣa) im klaren Licht eines ursprünglichen Gewahrseins.

Ratschlag

Was ist eigentlich das Ziel unserer Praxis? Gibt es überhaupt ein Ziel?

Wir sollten einmal versuchen die Frage zu beantworten, warum der Buddha dieses sogenannte Ziel als Nirvāṇa bezeichnete. In den westlichen Sprachen gibt es keinen Begriff, der als Übersetzung standhalten würde. Am Nächsten kommt noch die Übersetzung als Nichtwehen.

Nirvāṇa ist ein zusammengesetztes Wort aus nis und vā. Nis wird als Adverb verwendet und drückt mit dem verbundenen und nachfolgenden Begriff dessen Negierung aus. Allerdings bedeutet nis auch soviel

and dissolution of the veils that cloud our view of a perception according to reality.

We do not gain freedom, being free requires an individual subject who is free from something. Therefore, the Buddha called perfect awakening not as freedom (mokṣa) but as cessation (nirvāṇa).

The world of our perception, all that is formed and existed (saṃsāra) and full awakening (nirvāṇa) are inseparable, therefore saṃsāra and nirvāṇa are one. Because awakening from the specific view and the attachments to this world is the actual liberation and the calming down of the cloudings of our mind (kleṣa) in the clear light of an original awareness.

Advice

What is actually the goal of our practice? Is there a goal at all?

We should try to answer the question why the Buddha called this so-called goal nirvāṇa. In the western languages there is no term for it that would correctly translate the meaning. Next would be a translation as not-blowing, not-moving.

Nirvāṇa is a compound word made up of nis and vā. Nis is used as an adverb and expresses its negation with the connected and subsequent term. However, nis also means something like out, away from and shows us that the negation does not produce the reversal of the connected word, but a negation in the sense of abolish, not partake in it.

wie hinaus, weg von und zeigt uns, dass die Negierung nicht die Umkehr des verbundenen Begriffes erzeugt, sondern eine Negierung im Sinne von aufheben, nicht daran teilhaben.
Das zweite Wort ist vā, vāti und bedeutet wehen, etwas herbei wehen, ausdünsten, sich verbreiten. Es ist also nicht wehen, so wie der Wind weht, sondern jener Lufthauch der uns die Eigenschaft eines Geruches zuträgt oder jene Bewegung, die ein Charakteristikum zur Entfaltung bringt (ausdünsten, sich verbreiten).

Betrachtet man aus diesem Hintergrund den Begriff nirvāṇa, so wäre er folgender maßen zu umschreiben. Es ist das nicht mehr in Erscheinung treten, nicht verbreiten und nicht entfalten von Eigenschaften, Charakteristiken sowie Qualitäten jeglicher Erscheinungsform. Es ist das zur Ruhe kommen des abhängigen Entstehens (pratītyasamutpāda).

Nirvāṇa ist kein Ort, kein Zustand, kein abhängig Entstandenes – es ist die Beruhigung und das zu Ende kommen der Entfaltung.

26 ABHÄNGIGES ENTSTEHEN

Kapitel 26 – dvādaśāṅga parīkṣā - über die zwölf Glieder (12 Verse)

Dvāda**śa** bedeutet aus zwölf bestehend.
Aṅga bedeutet Glied, Bestandteil
In diesem Kapitel geht es um die zwölf Glieder des abhängigen Entstehens und Vergehens pratītyasamutpāda. Das Kapitel zeigt uns auf, dass

The second word is vā, vāti and means to blow, to evaporate, to spread. So it is not blowing like the wind blows, but it is that breeze of air that gives us the property of a smell or that movement that brings a characteristic to deployment (evaporate, spread).

If one considers the term nirvāṇa from this background, it should be paraphrased as follows. It is the no longer appearing, not spreading and not deploying of characteristics and qualities of any form of appearance. It is the calming down of dependent arising (pratītyasamutpāda).

Nirvāṇa is not a place, a state, not something that has arisen dependently - it is the calming and the coming to an end of the unfolding.

26 DEPENDENT ARISING

Chapter 26 - dvādaśāṅga parīkṣā - on the twelve links (12 verses)

Dvādaśa means consisting of twelve.
Aṅga means part, link.
This chapter deals with the twelve links of dependent arising and passing away pratītyasamutpāda. The chapter shows us that ignorance is the factor that maintains this whole chain of dependencies.

Unwissenheit jener Faktor ist, der diese ganze Kette der Abhängigkeiten aufrecht erhält

Thema

Die zwölf Glieder des bedingten Entstehens (pratītyasamutpāda) beginnen mit Unwissenheit (avidyā). Unwissenheit ist eine der drei Wurzelursachen, die uns die wahre Sicht auf die Welt und uns selbst verstellt. Unwissenheit führt zu Begehren (tṛṣṇā) und Abneigung (doṣa), welche die beiden anderen Faktoren der Wurzelursachen bilden. Wenn Unwissenheit aufgehoben wird, zerbricht auch die Kette der Abhängigkeiten.

Unsere Entscheidungen, unsere Handlungsweise (karma) schafft Ursachen, welche sich wiederum auswirken und deren Auswirkung (phala) weitere Entscheidungen und Handlungsweisen nach sich zieht. Die zu Grunde liegende Motivation (hetu) ist jedoch geprägt durch die Unwissenheit und Ignoranz (avidyā). Durch das Aufheben der Unwissenheit, heben wir die Ursachen der Leiderfahrung (duḥkha) auf und damit durchbricht man den Kreislauf des Entstehens und Vergehens (pratītyasamutpāda) und er erlischt (nirvāṇa).

Wir müssen die Welt der Phänomene so sehen und verstehen lernen, wie sie sich durch ihr in Erscheinung treten manifestiert (yathā bhūtam).

Ratschlag

Das abhängige Entstehen (pratītyasamutpāda) ist keine Kausalkette. Die einzelnen Glieder sind nicht

Topic

The twelve links of dependent arising (pratītyasamutpāda) begin with ignorance (avidyā). Ignorance is one of the three root causes that blocks our true view of the world and ourselves. Ignorance leads to desire (tṛṣṇā) and aversion (doṣa), which are the other two factors of root cause. When ignorance is removed, the chain of dependencies breaks too.

Our decisions, our way of acting (karma) creates causes, which in turn have an effect and whose effects (phala) lead to further decisions and ways of acting. The underlying motivation (hetu), however, is shaped by ignorance and unclear actions (avidyā). By eliminating ignorance, we eliminate the causes of the experience of suffering (duḥkha) and thus one breaks the cycle of arising and passing away (pratītyasamutpāda) and it ceases (nirvāṇa).

We have to learn to see and understand the world of phenomena as it manifests itself through its appearance (yathā bhūtam).

Advice

Dependent arising (pratītyasamutpāda) is not a causal chain. The specific parts are not causes for the subsequent ones, because as a cause they would themselves be conditioned by a preceding cause and so on. Rather, it is a conditional chain of members.

Ursachen für die nachfolgenden, den als Ursache wären sie bereits selber wieder durch eine vorangehende Ursache bedingt und so fort. Es ist vielmehr eine Konditionalkette.

Unsere Individualität und schließlich unser Ich ist nicht diesem abhängigen Entstehen unterworfen oder von ihm beeinflusst – nein. Unsere Individualität unser Ich ist das Resultat dieses abhängigen Entstehens.

Unwissenheit (avidyā) beseitigen wir durch Erkenntnis und wirklichkeitsgemäßes Gewahrwerden. Wenn diese Erkenntnis (jñāna) durch rechte Sichtweisen (samyagdṛṣṭi) sich zu Weisheit (prajñā) entfaltet ist das Unwissen erloschen.

Im Jñānayoga gibt es vier Stufen:
* Studium, Wissen, Hören (śrāvaṇa)
* Nachdenken, Erwägen, Reflektion (manana)
* Begreifen, innere Erfahrung, Meditation (nididhyāsana)
* Verwirklichung (anubhāva).

Im Tantra gibt es vier Ebenen:
* kriyātantra
Dies sind die „äußeren“ Handlungen, wie das Benutzen von Formen und Begriffen, also sowohl das Intelektuelle Verstehen als auch das gefühlsmäßige Empfinden von dem was wir tun und wie wir handeln. Es ist die Reinigung von den Befleckungen durch falsche Ansichten.

Our individuality and ultimately our self is not bound to this dependent arising or influenced by it - no. Our individuality, our ego, is the result and born from this dependent arising.

We eliminate ignorance (avidyā) through knowledge and reality-based awareness. When this knowledge (jñāna) unfolds into wisdom (prajñā) through right views (samyagdṛṣṭi), then ignorance is extinguished.

There are four stages in Jñānayoga:
* Study, knowledge, hearing (śrāvaṇa)
* Thinking, contemplating, reflecting (manana)
* Understanding, inner experience, meditation (nididhyāsana)
* Realization (anubhāva).

There are four levels in Tantra:
* kriyātantra

These are the "external" actions, such as the use of forms and concepts, that is, both the intellectual understanding and the emotional perception of what we do and how we act. It is the purification of defilements from wrong views.

* caryātantra
Hier geht es um bewusstes Handeln, Zielstrebigkeit und Motivation, um inneres Reifen
* yogatantra
Dies beinhaltet den Weg der meditativen Schulung. Das Vereinen der „äußeren" Bestrebungen mit den „inneren" Bestrebungen (kriyā und caryā werden zu yoga)
* anuttarayoga
Dies ist die darüber hinausgehende Form, jenseits der Begriffe und Bestrebungen – der Schritt zur Verwirklichung.

Um Nichtwissen zu beseitigen, sollen wir uns mit Methoden, welche diese vier Stufen und vier Ebenen beherzigen, in der Praxis auseinandersetzen.

27 ANSICHTEN

Kapitel 27 – dṛṣṭi parīkṣā - über Meinungen (30 Verse)

Dṛṣṭi bedeutet (irrige) Ansicht, Meinung. Hier werden verkehrte bzw. irrige Ansichten behandelt.

Thema

Die Frage „woher komme ich als Person und wohin entschwinde ich als Person" wird obsolet, da es keine dauerhafte Individualität, kein ewiges Selbst gibt. Es geht hier nicht darum als Individuum durch den endlosen Kreislauf von Geburt – Leben – Sterben zu wandern. Wir müssen verstehen, dass die Fortdauer nur durch die ständige Bindung und das Anhaften zur

* caryātantra
This is about conscious action, determination and motivation, about inner maturation
* yogatantra
This includes the path of meditative training. The union of the "outer" aspirations with the "inner" aspirations (kriyā and caryā become yoga
* anuttarayoga
This is the form that goes beyond concepts and aspirations - the step towards realization.

In order to eliminate ignorance, we should deal with methods that take these four steps and four levels to heart in practise.

27 VIEWS

Chapter 27 - dṛṣṭi parīkṣā - on opinions (30 verses)

Dṛṣṭi means (erroneous) opinion, point of view. Twisted or erroneous views are dealt with here.

Topic

The question "where do I come from as a person and where do I disappear as a person" becomes obsolete, since there is no permanent individuality, no eternal self. It is not about walking as an individual through the endless cycle of birth - life - death. We need to understand that persistence leads to individualization only through constant attachment and clinging. There is no persistence of a personal ego, no persistence of personality.

Individualisierung führt. Es gibt keine Fortdauer eines persönlichen Ich, keine Fortdauer der Persönlichkeit.

Die Beziehung zwischen zwei Leben in unterschiedlichen Zeiten wird nicht negiert. Was negiert wird, ist die selbe Identität dieser zwei Personen, Individuen, in unterschiedlichen Existenzen.
Ein permanentes Selbst an sich existiert nicht. Das Selbst entsteht durch das Zusammenwirken unterschiedlicher Strömungen (skandha) im Lebensstorm (saṃtāna.) und schafft damit temporär einen Bezugspunkt für das momentane individuelle Leben. Diesen Bezugspunkt erfahren und nennen wir dann Selbst oder Ich. Anhaftungen (upādāna) festigen diesen Bezugspunkt. Das Ich (ātman) ist daher weder absolute Identität noch eine Illusion.

Die Aussagen über ein Selbst, ein Ich, sind nur die unterschiedlichen Standpunkte und empirischen Sichtweisen, welche wir ständig aufbauen und nähren. Sie sind alle wahr bzw. falsch – je nach Sichtweise (catuṣkoṭi). Daher ist auch die Annahme eines sogenannten höheren Selbst, neben unserer Persönlichkeit, irreführend.

In gleicher Weise sind auch die Fragen nach dem Anfang oder Ende der Welt zu behandeln.

Das Erkennen der nicht vorhandenen Eigennatur allen Seins (niḥsvabhāva) führt schließlich zur Aufhebung aller Anhaftungen und damit werden Fragen nach dem woher, wohin, warum, etc. obsolet.

The relationship between two lives in different times is not negated. What is negated is the same identity of these two people, of two individuals, in different existences.
A permanent self does not exist in itself. The self is created through the interaction of different streams (skandha) in the movement of life (saṃtāna.) And thus temporarily creates a point of reference for the current individual life. We experience this point of reference and then call it self or I. Clinging (upādāna) consolidate this point of reference. The Ego (ātman) is therefore neither absolute identity nor an illusion.

The statements about a self, an ego, are just the different standpoints and empirical perspectives that we are constantly building and nourishing. They are all true or false - depending on your point of view (catuṣkoṭi). Therefore, the assumption of a so-called higher self alongside our personality is also misleading.

Questions about the beginning or the end of the world are to be dealt with in the same manner.

The recognition of the non-existent intrinsic nature of all being (niḥsvabhāva) finally leads to the removal of all attachments and thus questions about where from, where to, why, etc. become obsolete. Both belief in eternity (śāśvatānta) and belief in annihilation (ucchedānta) are erroneous views and cannot answer this question consistently, because the questions themselves are based on wrong assumptions.

Sowohl Ewigkeitsglaube (śāśvatānta) als auch Vernichtungsglaube (ucchedānta) sind irrige Ansichten und können diese Frage nicht widerspruchsfrei beantworten, denn die Fragen an sich beruhen bereits auf falschen Annahmen.

Ratschlag

Unsere Betrachtungsweise auf die Welt und auf uns selbst ist eine verzerrte Sichtweise. Wir schaffen uns immer eine eigene Welt, indem wir die Landkarte gestalten, die uns Richtung und Sinn gibt, um uns in der Welt zu orientieren und zurecht zu finden. Diese Landkarte ist aber geprägt durch unsere Vorlieben, Ansichten und Wünsche, sie ist somit fehlerhaft. Teile entspringen unserer Fehlinterpretation und andere Teile unserer reinen Phantasie.
Daher müssen wir unsere Sichtweise revidieren und die fehlerhafte Sicht durch die rechte Sicht (samyagdṛṣṭi) ersetzen.

Aber auch eine rechte Sichtweise ist letztlich immer noch eine Sichtweise. Sie ist eine Abstrahierung, eine Interpretation der Wirklichkeit.
Deshalb sollten wir es vermeiden an unserer Sichtweise zu haften, denn sie dient eigentlich nur der Orientierung für unsere Praxis. Die Praxis ist Mediation und Lebensführung; die Sichtweise ist vorwiegend das Resultat aus Studium und Wissen. Die Praxis ist das Wesentliche und nicht unsere Betrachtungsweise, die sich aus dem Studium und Erkennen heraus entwickelt. Es geht nicht darum eine neue und bessere Philosophie zu kreieren, sondern die tägliche Praxis durch Wissen zu unterstützen.

Advice

Our way of looking at the world and ourselves is a distorted view. We always create our own world by designing the map that gives us direction and meaning in order to orientate ourselves in the world and find our way around. However, this map is shaped by our preferences, views and wishes, so it is flawed. Parts arise from our misinterpretation and other parts from our pure imagination. Therefore we need to revise our view and replace the faulty view with the right view (samyagdṛṣṭi).

But even a right perspective is ultimately still a perspective. It is an abstraction, an interpretation of reality.
Therefore, we should avoid sticking to our point of view, because it actually only serves as a guide for our practice. The practice is mediation and lifestyle; the point of view is primarily the result of study and knowledge. Practice is essential and not the way of looking at things, which develops from our study and cognition. The point is not to create a new and better philosophy, but to support daily practice with knowledge.

WEITERE WICHTIGE TEXTE

ŚŪNYATĀSAPTATI

Śūnyatāsaptati (Siebzig Strophen über die Leerheit) ist ein weiterer Text Nagārjunas zum Mittleren Weg. Inhaltlich bezieht sich der Text direkt auf Themen, welche bereits im Mūlamādhyamakakārikā erörtert wurden. Daher kann man diesen Text als Anhang dazu betrachten. Da der Text keine Kapitelstruktur aufweist, habe ich die Gliederung, die Chr. Lindner (ISBN 81-208-0288-8) bei seiner Übersetzung vorgenommen hat, hier übernommen.

Nachfolgend gebe ich vor dem Hintergrund der praktischen Bedeutung dieses Textes eine kurze Darstellung der abgehandelten Themen und Aussagen.

Vers 1 – 6

Alle Phänomene und Erscheinungsformen existieren nur in der konventionellen Wirklichkeit (saṃvṛtisatya). Alles ist ohne Eigennatur (anutpanna). Erscheinen und Vergehen sind momentane Bezeichnungen, wenn die Phänomene stattfinden. Ursache und Wirkung sind Bezeichnungen, wenn Phänomene in Beziehung zum Vorherigen oder Nachgelagerten gebracht werden.

Vers 7 – 26

Alle Erscheinungsformen (bhāva) sind in Abhängigkeit entstanden (pratītyasamutpāda), sie sind ohne

OTHER IMPORTANT TEXTS

ŚŪNYATĀSAPTATI

Śūnyatāsaptati (Seventy Stanzas on Voidness) is another of Nagārjuna's texts on the Middle Way. In terms of content, the text relates directly to topics that have already been discussed in the Mūlamādhyamakakārikā. Therefore this text can be seen as an appendix to it. Since the text does not have a chapter structure, I have adopted the structure that Chr. Lindner (ISBN 81-208-0288-8) used for his translation.

In the following, I give a brief description of the topics and statements dealt with against the background of the practical significance of this text.

Verses 1 - 6

All phenomena and manifestations exist only in conventional truth (saṃvṛtisatya). Everything is without its own nature (anutpanna). Appearance and disappearance are momentary terms when the phenomena occur.
Cause and effect are terms used when phenomena are related to the preceding ones or the following ones.

Verses 7 - 26

All manifestations (bhāva) arose in dependence (pratītyasamutpāda), they are without their own nature (śūnya).

Eigennatur (śūnya).
Die wahrgenommenen Effekte, basierend auf Ereignissen und Objekten, sind so wie Traumgebilde, sie haben keine Eigennatur. Eigennatur (svabhāva), Bedingtsein durch etwas Anderes (parabhāva), Nichtexistenz (abhāva) sind alles verkehrte Ansichten. Würde es einen Urgrund geben (sat), dann gäbe es Ewigkeit (śāśvata). Würde es keinen Urgrund geben (asat), dann gebe es Auslöschung (uccheda).

Wenn wir also ein Eigensein annehmen, fallen wir in die Illusion von Ewigkeitsglaube oder Vernichtungsglaube. Auch nirvāṇa ist nicht Auflösung von Etwas oder Rückkehr zu einem Urgrund. Nirvāṇa ist Nichtentstehung, das nicht zum Vorschein kommen (anutpāda).

Vers 27 – 32

Alle Aspekte und Phänomene sind mehr oder minder in Abhängigkeit zu anderen Aspekten und Phänomenen existent. Etwas in Abhängigkeit kann nur etwas in Abhängigkeit hervorbringen, niemals etwas Eigenständiges oder Absolutes.
Daher gibt es keine eigenständigen Aktivitäten, Phänomene und Entitäten. Auch die Zeiten der Vergangenheit, Gegenwart und Zukunft (kālatraya) sind relativ und nicht absolut. Kein Phänomen steht außerhalb davon. Alle Phänomene unserer Wirklichkeit (saṃskṛta) sind (sat), sind auch nicht (asat) oder beides (sadasat).

The perceived effects, based on events and objects, are like dream structures, they have no intrinsic nature. Self-nature (svabhāva) conditioned by something else (parabhāva) or non-existence (abhāva) are all wrong views. If there were a primordial reason (sat), then there would be eternity (śāśvata). If there were no primordial reason (asat), then there would be extinction (uccheda).

So when we accept individuality, we fall into the illusion of belief in eternity or belief in annihilation. Nirvāṇa is not the dissolution of something or a return to a source. Nirvāṇa is non-arising that also does not appear (anutpāda).

Verses 27 - 32

All aspects and phenomena exist more or less depending on other aspects and phenomena. Something dependent can only produce something dependent, never something independent or absolute.
Therefore, there are no separate activities, phenomena and entities. The times of the past, present and future (kālatraya) are also relative and not absolute. There is no phenomenon outside of it. All phenomena of our reality (saṃskṛta) are (sat) and are not (asat) or both (sadasat).

Vers 33 - 44

Solange sich die Resultate unseres willentlichen Handelns (karma) nicht ausgewirkt haben, solange nähren wir unser Ich (ahaṃkāra). Das Festhalten am Ich erzeugt die falschen Vorstellungen (vikalpa). Karma wird weder durch die Bedingungen (pratyaya), denen wir ausgesetzt sind, noch unabhängig von Bedingungen (apratyaya) geschaffen. Karma wird durch die unseren Geist trübenden Eigenschaften veranlasst (kleśanimittaka).
Ohne Eigennatur gibt es keine Handlungen (kārakakarma,) keinen Handelnden (kāraka), keinen Effekt (phala) und daher auch keine Leidenserfahrung (duḥkha). Daher ist Karma letztlich ohne Eigennatur. Wer dies erkennt schafft kein Karma mehr.

Vers 45 - 57

Formhaftigkeit (rūpaskandha) entbehrt jedeweder Eigennatur. Entitäten erscheinen als Resultat der Kombination von Elementen (mahābhūta).
Aber auch die Elemente haben keine Eigennatur, sie sind Erscheinungsweisen bzw. Phänomene im Entstehen und Vergehen, sie sind nicht Emanationen aus einem Urstoff (liṅga).
Auch die Subjekt Objekt Beziehung (Geist Materie) ist Illusion. Wahrnehmung (āyatana) und Gewahrwerden (sparśa) sind alles momentane Vorgänge im Bewusstwerden (vijñāna) und können die Eigennatur der Objekte weder ihrer Wirklichkeit gemäß erkennen noch beweisen.
Was über die Formhaftigkeit (rūpaskandha) gesagt wurde trifft auch auf die anderen Daseinsgruppen (skandha) zu.

Verses 33 - 44

As long as the results of our volitional action (karma) have not worked, we are nourishing our Ego (ahaṃkāra). Clinging to the Ego creates the wrong ideas (vikalpa).
Karma is not created by the conditions (pratyaya) to which we are exposed, nor independently of conditions (apratyaya). Karma is caused by the qualities that blur our mind (kleśanimittaka).
Without self-nature there is no action (kārakakarma), no actor (kāraka), no effect (phala) and therefore no experience of suffering (duḥkha). Hence karma is ultimately devoid of its own nature. Whoever recognizing this will no longer create karma.

Verses 45 - 57

Entities (rūpaskandha) have no intrinsic nature. Entities appear as a result of the combination of elements (mahābhūta).
But the elements also have no intrinsic nature, they are modes of appearance or phenomena in the process of arising and passing away, they are not emanations from a primordial substance (liṅga). The subject-object relationship (spirit matter) is also an illusion. Perception (āyatana) and becoming aware (sparśa) are all momentary processes in consciousness (vijñāna) and can neither recognize nor prove the intrinsic nature of objects according to their reality.
What was said about form (rūpaskandha) also applies to the other groups of existence (skandha).

Vers 58 - 66

Wir erkennen und erfahren die Welt als ständig in Bewegung und Veränderung befindlich (anitya). In unserer Unwissenheit nehmen wir aber die Eigenschaften dieser Welt als gegeben an, da wir kategorisieren und unterscheiden.
Letztlich sind all unsere Vorstellungen, Gedanken, Überlegungen und Sichtweisen nur Konstrukte unseres Geistes. Die wahre Natur der Erscheinungsformen kann nur interpretiert aber nicht direkt erfahren werden. Wenn diese falsche Sichtweise (avidyā) schwindet, wenn man zu verstehen beginnt, dass kein Sein (bhāva) an sich, keine Eigennatur der Phänomene (svabhāva) existiert, dann heben sich auch die zwölf Glieder des abhängigen Entstehens und Vergehens (pratītyasamutpāda, dvādaśāṅga) auf.

Vers 67 - 73

Sein und Nichtsein entsteht aus Ursachen und Bedingungen (hetupratyaya) heraus und besitzt keine Eigennatur (śūnya). Die Welt ist eine Konvention (loka vyavahāra) und alle Phänomene existieren als in Abhängigkeit (pratītyasamutpāda). Wirklichkeitsgemässes Erkennen (paramārtha) ist auch die Erkenntnis der Leerheit aller Erscheinungsformen (śūnyatā) sowie des Nichtbedingten, des Nichterschaffenen (anutpāda, nirvāṇa). Wer dass vertrauensvoll erfasst hat (śraddhā), der überwindet Ewigkeitsglauben (śāśvatavāda) und auch den Vernichtungsglauben (ucchedānta). Er befreit sich aus dem Netz der falschen und irrigen Ansichten.

Verses 58 - 66

We recognize and experience the world as constantly in motion and change (anitya). In our ignorance, however, we take the characteristics of this world for granted, since we categorize and differentiate.
Ultimately, all of our ideas, thoughts, deliberations and views are only constructs of our mind. The true nature of the manifestations can only be interpreted and not experienced directly. When this wrong view (avidyā) disappears, when one begins to understand that there is no being (bhāva) in itself, no intrinsic nature of phenomena (svabhāva), then the twelve links of dependent arising and ceasing (pratītyasamutpāda, dvādaśāṅga) also vanish.

Verses 67 - 73

To be and not to be arises from causes and conditions (hetupratyaya) and has no intrinsic nature (śūnya). The world is a convention (loka vyavahāra) and all phenomena exist as dependent (pratītyasamutpāda). Real knowledge (paramārtha) is also the knowledge of the emptiness of all manifestations (śūnyatā) as well as the unconditioned and the uncreated (anutpāda, nirvāṇa). Whoever has grasped this with confidence (śraddhā) overcomes belief in eternity (śāśvatavāda) and the belief in annihilation (ucchedānta). He frees himself from the web of false and erroneous views.

VIGRAHAVYĀVARTANĪ

Vigrahavyāvartanī (Zurückweisung der Vorwürfe) ist ein weiterer Text Nagārjunas, der als Erweiterung zum Mūlamādhyamakakārikā betrachtet werden kann und ist das zweite grundlegende Werk des Madhyamaka. Die darin behandelten Hauptthemen sind Leerheit (śūnyatā) und Eigennatur (svabhāva). Der Text gliedert sich in zwei Abschnitte.

Der erste Abschnitt, Vers 1 – 20 behandelt Argumente und Ansichten, die entkräftet werden. Vorwiegend geht es dabei um die Frage der Wahrnehmung auf Grund von vorhandenen Objekten oder aus Schlussfolgerungen heraus (pramāṇa).

Der zweite Abschnitt Vers 21 – 70 behandelt dann vorwiegend die Argumentationslinie Nagārjunas, um diese Ansichten zu entkräften bzw. deren Widersprüche aufzuzeigen.

Leer an sich (śūnya) kann nur etwas sein, dass Eigennatur (svabhāva) besitzt. Nichtleer an sich (aśūnya) ist aber ident mit Eigennatur. Es werden detailliert unterschiedliche Argumente gebracht, die diese Aussagen als widersprüchlich aufzeigen.

Aussagen sind gedankliche Beilegungen, nur gültig um damit unsere reale Welt und Wirklichkeit (saṃvṛtisatya) zu beschreiben. Aussagen darüber hinaus, über das Nicht-Nennbare (paramārthasatya) sind aber ebenfalls auch nur Beschreibungen.

VIGRAHAVYĀVARTANĪ

Vigrahavyāvartanī (rejection of the allegations) is another text of Nagārjuna, which can be seen as an extension of the Mūlamādhyamakakārikā and is the second fundamental work of the Madhyamaka. The main themes dealt with therein are emptiness (śūnyatā) and self-nature (svabhāva). The text is divided into two sections.

The first section, verses 1-20, deals with arguments and views that are invalidated. Mainly it is about the question of perception on the basis of existing objects or from conclusions (pramāṇa).

The second section, verses 21-70, and then deals primarily with Nagārjuna's line of arguments in order to refute these views or to point out their contradictions.

Void in itself (śūnya) can only be something that has its own nature (svabhāva). Non-emptiness in itself (aśūnya) is however identical with self-nature. Different arguments are presented in detail that shows these statements to be contradictory.

Statements are mental attachments, only valid to describe our real world and reality (saṃvṛtisatya). Statements beyond that, about the non-nameable (paramārthasatya) are also only descriptions.

Daher kann jede Formulierung und Aussage die Wahrheit (tattva, paramārtha) nie vollständig abbilden. In diesem Sinne ist saṃsāra und nirvāṇa dasselbe – der Unterschied entsteht durch die dualistische Betrachtungsweise.

„NIrvana und Samsara sind im Grunde nicht unterschiedlich.
Zwischen der Wirklichkeit des Nirvana und der Wirklichkeit des Samsara gibt es keinen Unterschied."
Mūlamādhyamakakārikā 25, 19 – 20
(aus dem Chinesischen Text von Kumarajiva übersetzt und mit dem Sanskrittext verglichen)

Die nun folgende strukturelle Einteilung der inhaltlichen Kommentare zu den einzelnen Versen, ergab sich aus dem jeweiligen Hauptthema. Dies ist jedoch keine Struktur, die im Originaltext selbst vorhanden ist.

Abschnitt 1 Einwände
(1 – 20)

Ausführlich wird im ersten Abschnitt auf die Art und Weise, wie wir durch unsere Sinneserfahrung zu Erkenntnis (pramāṇa) gelangen, eingegangen. Unmittelbare sinnliche Wahrnehmung (pratyakṣa) als Garant für die wahre Wirklichkeit sowie als Beweismittel einer Schlussfolgerung (anumāna) werden als widersprüchlich verworfen.

Dieser Abschnitt zeichnet sich durch seine unmittelbaren praktischen Nutzen aus, da er empirische Methoden unserer Wahrnehmung erörtert.

Hence, every formulation and statement can never fully represent the truth (tattva, paramārtha). In this sense, saṃsāra and nirvāṇa are the same - the difference arises from the dualistic view.

"NIrvana and samsara are basically not different.
There is no difference between the reality of nirvana and the reality of samsara. "
Mūlamādhyamakakārikā 25, 19-20
(translated from the Chinese text of Kumarajiva and compared with the Sanskrit text)

The following structural division of the comments on the content of the individual verses resulted from the respective main topics. However, there is no structure that is present in the original text itself.

Section 1 Objections
(1 - 20)

The first section deals in detail with the manner in which we gain knowledge (pramāṇa) through our sensory experience.
Immediate sensory perception (pratyakṣa) as a guarantee of true reality and as evidence of a conclusion (anumāna) are rejected as contradicting one another.

This section is notable for its immediate practical use, as it discusses empirical methods of our perception.

Abschnitt 2 Erwiderung
(21 – 30)

Sprache macht Phänomene unserer Wahrnehmung begreifbar und erkennbar. Wahrnehmung gemäß indischer Logik (nyāya) beinhaltet vier Erkenntnismittel:
- Wahrnehmung (pratyakṣa)
- Vergleich (apamāna)
- Schlussfolgerung (anumāna)
- verbale Ausformung (śabda)

Alle Benennung und Bezeichnung ereignet sich in der Welt der konventionellen Wahrheit (saṃvṛtisatya). Daher kann auch die Erkenntnis der absoluten bzw. einer transzendenten Wahrheit (paramārthasatya) nur in den Begrifflichkeiten und Methoden der konventionellen Wahrheit dargestellt und erkannt werden.

Alle Phänomene und Entitäten sind ohne Eigennatur, leer an sich (śūnya). Leerheit (śūnyatā) allerdings ist eine Begriffsbildung und damit ebenfalls innerhalb des Vorstellbaren und Benennbaren.

(31 – 40)

Objekte treten in Erscheinung und Phänomene manifesteren sich im ständigen Wechselspiel in unserer Wahrnehmung und durch unsere Klassifizierung und Kategorisierung. Wir erzeugen Abtrennung und Unterschiede durch unsere Sichtweise. Wir zerteilen die Totalität in greifbare und erfahrbare Entitäten und Eigenschaften.

Section 2 Reply
(21 - 30)

Language makes the phenomena of our perception understandable and recognizable. Perception according to Indian logic (nyāya) comprises four means of knowledge:
- perception (pratyakṣa)
- comparison (apamāna)
- conclusion (anumāna)
- verbal expression (śabda)

All naming and designation occurs in the world of conventional truth (saṃvṛtisatya). Therefore, the knowledge of the absolute or a transcendent truth (paramārthasatya) can only be represented and recognized in terms and methods of conventional truth.

All phenomena and entities are without their own nature, empty in themselves (śūnya). Emptiness (śūnyatā), however, is a concept formation and thus also within the imaginable and namable.

(31 - 40)

Objects appear and phenomena manifest themselves in the constant interplay in our perception and through our classification and categorization. We create separation and difference through our point of view. We divide totality into concrete and tangible entities and properties.

Daher ist die einzige Wirklichkeit eine Realität der gegenseitigen Abhängigkeiten (pratītyasamutpāda) , eine Welt der Ursache und Wirkungen, kurzum eine duale Weltsicht (dvaidhībhāva)

(41 – 51)

Die Objekte der Wahrnehmung (prameya) und der Vorgang der Wahrnehmung selbst (pramāṇa) können nicht voneinander getrennt werden. Weder existiert das Objekt, so wie es wahrgenommen wird, noch entsteht das Objekt an sich erst durch den Wahrnehmungsprozess.

(52 – 56)

Gut und Schlecht, heilsam (kuśala) und unheilsam (akuśala) sind nicht Eigenschaften der Entitäten und Objekte, sondern Beilegungen von uns in Abhängigkeit unserer Sichtweise entstanden (dṛṣṭi).

(57 – 64)

Erscheinungsformen (nāman) haben keine innewohnende Eigennatur (svabhāva). Wir benennen nur was existiert, es existiert durch unsere Benennung. Sprache legt Phänomene fest nicht Objekte. Objekte entstehen aus der Differenzierung heraus um Phänomene gegenwärtig zu machen.

(65 – 70)

Alles was existiert, existiert nur in Abhängigkeit und nicht eigenständig für sich. Wir schaffen Kombinationen von scheinbar eigenständigen

Therefore, the only reality is a reality of interchanging dependencies (pratītyasamutpāda), a world of cause and effect, in short a dualistic view (dvaidhībhāva).

(41 - 51)

The objects of perception (prameya) and the process of perception itself (pramāṇa) cannot be separated from each other. Neither the object exists as it is perceived, nor does the object itself arise through the process of perception.

(52 - 56)

Good and bad, wholesome (kuśala) and unwholesome (akuśala) are not characteristics of entities and objects, but settlements that arose from us depending on our point of view (dṛṣṭi).

(57 - 64)

Manifestations (nāman) have no intrinsic nature (svabhāva). We only name what exists, it exists by our naming. Language defines phenomena, not objects. Objects arise out of differentiation in order to make phenomena present.

(65 - 70)

Everything that is present exists only in dependence and not independently. We create combinations of seemingly distinct phenomena to serve as evidence of causes and effects in time.

Phänomenen, um als Beweis von Ursachen und Wirkungen in der Zeit zu dienen.

HASTIKAKṢYA SŪTRA

Hastikakṣya bedeutet „die Stärke des Elefanten". Der vollständige Name des Textes lautet hastikakṣya nāma mahāyāna sūtra.

Dieses Sutra ist ein wichtiger Text zum tieferen Verständnis über die Leerheit aller Phänomene (śūnya). Es werden Bodhisattvas, Mönche als auch Laienanhänger angesprochen. Speziell werden irrige Ansichten entkräftet.

Exemplarisch seien hier einige Themen und Inhalte wiedergegeben.

* Man kann auch in der Welt verbleiben und dem Dharma folgen und muss sich nicht in die Abgeschlossenheit eines Klosters zurückziehen oder sich in Klausur begeben. In der Welt zu leben und zu praktizieren oder zurückgezogen zu leben ist gleich zu betrachten.

* Das richtige Verständnis besteht darin alle Begrifflichkeiten und Vorstellungen, alle Konzepte und Festlegungen als eben solche zu erkennen. Solange das Verhalten und die Lebensweise geprägt durch das eigene Ich nach Konzepten und Vorstellungen handelt, solange ist wahre Erkenntnis nicht vorhanden.

HASTIKAKṢYA SŪTRA

Hastikakṣya means "the strength of the elephant". The full name of the text is hastikakṣya nāma mahāyāna sūtra.

This sutra is an important text for a deeper understanding of the emptiness of all phenomena (śūnya). Bodhisattvas, monks and lay followers are addressed. In particular, erroneous views are invalidated.

Some topics and contents are given here as examples.

* One can also remain in the world and follow the Dharma and do not have to withdraw into the seclusion of a monastery or go into retreat. Living and practicing in the world or living in seclusion is all the same.

* The correct understanding consists in recognizing all terms and ideas, all concepts and definitions as such. As long as the behavior and the way of life shaped by the own ego acts according to concepts and ideas, a true knowledge is not available. When you talk about non-existence, you mean this erroneous view, the unreality of an intrinsic nature of the phenomena and appearances, and not a non-existence of the reality in which we live.

Wenn man über Nichtexistenz spricht, meint man diese fehlerhafte Sichtweise, die Unwirklichkeit einer Eigennatur der Phänomene und Erscheinungen und nicht eine Nichtexistenz der Realität in der wir leben.

* Die Wesen und die Buddhas und Bodhisattvas sind in ihrer illusorischen Erscheinungsform nicht voneinander verschieden.

* Solange man analysiert und nach Ergebnissen trachtet und strebt, ist ein Erwachen nicht erreichbar. Das Erwachen kann nicht durch Geistestätigkeit erlangt werden.

* Zuversicht und Mut ist notwendig, damit man die eigene Furcht und den Zweifel überwindet und unaufhaltsam strebt. Denn dann ist Erwachen nicht schwer zu erreichen.

ŚĀLISTAMBA SŪTRA

Śālistamba bedeutet "Reis Setzling". Der vollständige Name des Textes lautet ārya śālistamba nāma mahāyāna sūtra.
Bereits vor der ersten Klostergründung in Tibet im Jahr 775 (Samye) wurde dieses Sutra bereits aus dem Chinesischen ins Tibetische übersetzt.

Dieses Sutra ist ein wichtiger Text zum tieferen Verständnis über in Abhängigkeit entstehende und bestehende Daseinsformen (pratītyasamutpāda). Es erörtert die einzelnen Glieder des pratītyasamutpāda und wirft folgende Fragen auf: Warum sieht man die Lehre (dharma), wenn man das Abhängige Entstehen

* The beings and the Buddhas and Bodhisattvas are not different from one another in their illusory appearance.

* As long as one analyzes and seeks and strives for results, awakening is not attainable. Awakening cannot be attained through mental activity.

* Confidence and courage are necessary in order to overcome one's fear and doubt and to strive unstoppably. Because then awakening is not difficult to achieve.

ŚĀLISTAMBA SŪTRA

Śālistamba means “rice seedling”. The full name of the text is ārya śālistamba nāma mahāyāna sūtra. Even before the first monastery was founded in Tibet in 775 (Samye), this sutra was translated from Chinese into Tibetan.

This sutra is an important text for a deeper understanding of dependent arising of all forms of existence (pratītyasamutpāda). It discusses the individual parts of pratītyasamutpāda and raises the following questions: Why do you see the Teaching (dharma) when you see dependent arising (pratītyasamutpāda)? Why do you see the Buddha when you see the Dharma?

(pratītyasamutpāda) sieht? Warum sieht man den Buddha, wenn man den Dharma sieht?

Es wird das Abhängige Entstehen und Vergehen ausgeführt und dabei zwischen verursachenden Bedingungen (pratyaya) und abhängigen Bedingungen (pratītya) unterschieden. Wobei beide Arten sowohl einen inneren als auch einen äußeren Aspekt aufweisen. Am Beispiel des Wachstums vom Samenkorn bis zur fertigen Pflanze werden diese Aspekte erörtert.

Des Weiteren werden auch die einzelnen Glieder des Abhängigen Einstehens im Detail ausgeführt (avidyā, saṃskāra, vijñāna, nāmarūpa, ...).

Schließlich endet dieses Sutra mit dem Hinweis auf die Wichtigkeit dieser zentralen Lehre (pratītyasamutpāda) zum Verständnis der Lehre des Buddha (dharma).

Dependent arising and ceasing are carried out and a distinction is made between causative conditions (pratyaya) and dependent conditions (pratītya). Both types have an internal as well as an external aspect. These aspects are discussed using the example of growth from the rice seed to the ripe plant.

Furthermore, the individual links of dependent arising are also discussed in detail (avidyā, saṃskāra, vijñāna, nāmarūpa, ...).

Finally, this sutra ends by pointing out the importance of this central teaching (pratītya-samutpāda) for the understanding of the teaching of the Buddha (dharma)

BUDDHISTISCHE LOGIK

Um die Argumentation Nāgārjunas und seiner Kommentatoren besser verstehen zu können, ist es erforderlich unsere westliche Sicht der Logik mit der buddhistischen Sicht auf die Logik zu erweitern. Daher folgt hier nun eine kurze Darstellung einiger der wesentlichsten Charakteristiken buddhistischer Logik.

Die zwei wesentlichster Vertreter der buddhistsichen Logik sind Dignāga (ca 480 – ca 540) und sein Schüler Dharmakīrti (ca 600 - 670).
Beide haben die Kommentatoren der buddhistischen Lehre in ihrem Denken und den Schlußfolgerungen wesentlich geprägt. Daher ist es bis zum heutigen Tag in den Schulen des tibetischen Buddhismus essentiell ein Studium der Logik zu absolvieren.

Speziell in der Schule des cittamātra bzw. yogācāra wird der buddhistischen Logik besondere Aufmerksamkeit gewidmet. Das liegt auch daran, dass diese Logik sich auf die Erkenntnislehre bezieht und damit den Wahrnehmungs- als auch den Bewusstwerdungs-Prozess mit einschließt.

Die Eckpfeiler der buddhistischen Logik sind
* Erkenntnislehre (pramāṇavāda)
* System der Logik und Schlussfolgerungen (hetuvidyā)

BUDDHIST LOGIC

In order to better understand the arguments of Nāgārjuna and his commentators, it is necessary to broaden our western view of logic with the Buddhist view of logic. Therefore, here is a brief presentation of some of the most essential characteristics of Buddhist logic.

The two most essential representatives of Buddhist logic are Dignāga (ca 480 - ca 540) and his disciple Dharmakīrti (ca 600 - 670).
Both have shaped the commentators of Buddhist teaching in their thinking and in drawing conclusions. Therefore, to this day it is essential to study logic in the schools of Tibetan Buddhism.

Especially in the school of cittamātra or yogācāra, particular attention is paid to Buddhist logic. This is also because this logic relates to epistemology and thus includes the perception as well as the process of becoming aware.

The cornerstones of Buddhist logic are
* Epistemology (pramāṇavāda)
* System of logic and conclusions (hetuvidyā)

Pramāṇavāda -- Erkenntnislehre

Die buddhistische Logik ist ein Teil der Erkenntnistheorie (Epistemologie) und kann daher von unseren Wahrnehmungsprozessen und den daraus abgeleiteten Erkenntnissen nicht getrennt werden.
Erkenntnis kann entweder direkt erfolgen (pratyakṣa) oder indirekt durch Schlussfolgerungen (anumāna). Wissen (jñāna) ist kein Endzustand des Geistes sondern ein ständig ablaufender Prozess von kognitiven Erkenntnissen (pramāṇa).
Erkenntnisse sollen aber in Übereinstimmung mit unserer bereits verifizierten Erfahrung sein (siehe dazu das Kālāmasutta, aṅguttaranikaya 3,66).

Buddhistische Logik ist nicht a priori

Im Gegensatz zur Westlichen Logik wird ein von Erfahrungen unabhängiges logisches Schlußfolgern zurückgewiesen. Das ist auch der Grund warum buddhistische Logik sich nicht mit Mathematik vereint hat, sondern auf kognitiven Erfahrungen aufsetzt.
Nachfolgende Punkte zeigen die Akzentuierung der buddhistischen Logik im Zusammenspiel mit der kognitiven Wahrnehmung und Erfahrung.

1. Erfahrungen machen logische Prinzipien nicht ungültig, die logischen Prinzipien stehen nicht über der Erfahrung. Ein Beispiel dafür ist der Erkenntnisgewinn aus der Quantenphysik, der sich mit den westlichen logischen Prinzipien nur schwer oder gar nicht vereinbaren lässt.

Pramāṇavāda -- Epistemology

Buddhist logic is part of epistemology and can therefore not be separated from our perceptual processes and the knowledge derived from them.

Knowledge can either come about directly (pratyakṣa) or indirectly through inferences (anumāna). Knowledge (jñāna) is not an end-state of mind but a continuous process of cognitive awareness (pramāṇa).

Therefore knowledge should be in accordance with our already verified experiences (see therefore the Kālāmasutta, aṅguttaranikaya 3,66).

Buddhist logic is not a priori

In contrast to Western logic, logical inference that is independent of experience is rejected. That is also the reason why Buddhist logic has not combined with mathematics, but is based on cognitive experiences. The following points show the accentuation of Buddhist logic in interaction with cognitive perception and experience.

1. Experience does not invalidate logical principles; logical principles do not stand above experience. One example of this is the knowledge gained from quantum physics, which is difficult or impossible to reconcile with western logical principles.

2. Die Ansicht, dass logische Prinzipien nicht aus Erfahrungen abgeleitet werden können und dürfen ist nicht haltbar. Wissen ist zwar das Ergebnis logischer Schlußfolgerungen. Jede Formulierung setzt auf bereits vorhandenen Erkenntnissen und damit auf Erfahrungen auf.

3. Theorien benötigen zu deren Entwicklung und Modifikation immer logische Schlußfolgerungen. Logische Prinzipien generieren keine empirischen Daten. Sie sind nicht von empirischen Widerlegungen oder Bestätigungen isoliert zu sehen. Kognitive Erfahrung schafft die Realität und Logik gibt ihr die Struktur und den Sinn. Daher kann Logik nicht als eigenständig und vorab bestehend betrachtet werden.

Logische Prinzipien und Regeln sind daher das Resultat unserer empirischen Erfahrung und damit auch die Schlußfolgerung daraus.

Logik im buddhistischen Sinn ist kein a priori bestehendes System jenseits unserer Wahrnehmung und Erfahrung.

Daher ist buddhistische Logik nicht mathematisch sondern Erkenntnis bezogen.
Sie wurde in Indien den Strukturen und Regeln der Grammatik und nicht der Mathematik zugeordnet.

Hetuvidyā -- System der Logik

Schlussfolgerungen (hetu) können auf drei Arten erlangt werden.

2. The view that logical principles cannot and must not be derived from experience is not tenable. Knowledge is indeed the result of logical conclusions. But each formulation is based on existing cognition and thus on experience.

3. Theories always require logical conclusions for their development and modification. Logical principles are not generating empirical data. They are not to be seen in isolation from empirical refutations or confirmations. Cognitive experience creates reality and logic gives structure and meaning to it. Hence, logic cannot be viewed as a stand-alone and pre-existing.

Logical principles and rules are the result of our empirical experience and thus also the conclusion from it.

Logic in the Buddhist sense is not an a priori system beyond our perception and experience.

Hence Buddhist logic is not mathematical but knowledge related.
In India it was assigned to the structures and rules of grammar and not to mathematics.

Hetuvidyā -- The system of logic

Conclusions (hetu) can be reached in three ways.

* pakṣadharmatā (bezugnehmend)
Dem Bezug zur Schlußfolgerung muss ein valider Erfahrungswert zu Grunde liegen. Die Schlußfolgerung (hetu) bezieht sich auf ein wahrgenommenes Phänomen (pakṣa).

* anvayavyāpti (zustimmend)
Die Schlußfolgerung begründet sich auf ähnliche Fälle (sapakṣa), beinhaltet also positive Übereinstimmungen.

* vyatirekavyāpti (unterscheidend)
Die Schlußfolgerung bezieht sich darauf, dass nicht übereinstimmende Fälle (vipakṣa) ausgeschlossen werden können, beinhaltet also negative Übereinstimmungen.

Catuṣkoṭi -- Tetralemma

Dies ist eine Methode der logischen Schlußfolgerungen, welche in der indischen Logik und damit auch in der buddhistischen Logik zur Anwendung kam. Nāgārjuna nutzte diese Methode vorwiegend in seiner Darlegung des Mittleren Weges (mūlamadhyamakakārikā). In der westlichen Hemissphäre findet sich diese Methode im alten Griechenland bereits unter dem Namen tetralemma.

Im Einzelnen gibt es vier Varianten der Schlußfolgerung:

* wahr (und nur wahr) - Bejahung
* falsch (und nur falsch) - Verneinung
* sowohl wahr als auch falsch - beides
* weder wahr noch falsch - keines von beiden

* pakṣadharmatā (referring)
The reference to the conclusion must be based on a valid empirical value. The conclusion (hetu) relates to a perceived phenomenon (pakṣa).

* anvayavyāpti (agreeing)
The conclusion is based on similar cases (sapakṣa), i.e. contains positive agreements.

* vyatirekavyāpti (exclusionary)
The conclusion refers to the fact that inconsistent cases (vipakṣa) can be excluded, i.e. contains negative matches.

Catuṣkoṭi -- Tetralemma

This is a method of logical inference that was used in Indian logic and thus also in Buddhist logic. Nāgārjuna mainly used this method in his exposition of the Middle Way (mūlamadhyamakakārikā). In the western hemisphere, this method can already be found in ancient Greece and is there named tetralemma.

There are four variants for a conclusion:

* true (and only true) – affirmation
* wrong (and only wrong) – negation
* both true and false – both
* neither true nor false - neither

Parāthānumanam -- Syllogismus

Syllogismus wird in der buddhistischen Logik auch als prayoga bezeichnet.

Ein korrekter Syllogismus besteht aus den drei Gliedern

* das zu überprüfende Phänomen, das Subjekt woran die Eigenschaften haften (dharmin)
* die zu überprüfende Eigenschaft (sādhyadharma)
* die Begründung und somit die Hauptursache des Phänomens (hetu)

Im Svātantrika-Madhyamaka werden Syllogismen als bevorzugte Methode zur Anwendung gebracht.

West – Ost

Zusammenfassend kann man also folgende generellen Unterschiede zwischen der Sichtweise der Westlichen und der Östlichen (im speziellen der buddhistischen) Logik ausmachen.

* Westliche Logik verknüpft Identitäten, Buddhistische Logik sieht keine abgegrenzten Identitäten sondern vielmehr Prozesse und deren Eigenschaften. Die Realität ist ein sich stets wandelnder Prozess und keine Ansammlung von bestehenden Objekten und deren Auswirkungen.

* In der Westlichen Logik kann keine Aussage gleichzeitig sowohl wahr als auch falsch sein. In der Buddhistischen Logik ist Widerspruch möglich, denn einzig die Veränderung ist konstant.

Parāthānumanam -- Syllogism

Syllogism is also referred to as prayoga in Buddhist logic.

A correct syllogism consists of the three terms

* the phenomenon to be checked, the subject to which the characteristics adhere (dharmin)
* the quality to be checked (sādhyadharma)
* the reason and thus the main cause of the phenomenon (hetu)

In the Svātantrika Madhyamaka, syllogisms are used as a preferred method.

West - East

In summary, one can see the following general differences between the view of Western and Eastern (in particular buddhist) logic.

* Western logic links identities, Buddhist logic does not see demarcated identities but rather processes and their properties. Reality is a constantly changing process and not a collection of existing objects and their effects.

* In Western logic, no statement can be both true and false at the same time. In Buddhist logic, contradiction is possible, because only changing is constant.

* In der Westlichen Logik gibt es keinen Dritten, jede Aussage ist entweder wahr oder falsch. In der Buddhistischen Logik ist sowohl als auch sowie auch dessen Verneinung möglich (catuskoti), da es eine holistische Sichtweise gibt. Nichts besteht für sich; alles ist in Abhängigkeit und Wechselwirkung zueinander.

Dieses dynamische Prinzip führte im Buddhismus dann auch dazu, dass in der intellektuellen Ausbildung der Mönche in Tibet die Methode der Debatte und Argumentation als wesentlicher Faktor eingeführt wurde.

Es sollte hier noch erwähnt sein, dass diese West – Ost Gegenüberstellung sich auf die allgemein verbreitete Sichtweise der westlichen Logik bezieht. Natürlich haben neuerste Erkenntnisse, speziell aus der Quantentheorie, zu einer Annäherung der westlichen Logik an die buddhistische Betrachtungsweise geführt.

Tertium non datur

Ein wesenticher Unterschied besteht darin, dass in der europäischen Logik seit Aristoteles eine Zweiwertigkeit als Grundlage festgeschrieben wurde. Es gibt kein Drittes. Der Satz vom „zu vermeidenden Widerspruch" nimmt somit eine zentrale Stelle ein.

$A \vee \neg A$ eine Aussage (A) ODER ihr Gegenteil ($\neg A$) behauptet nichts, weil es der Anfangsbehauptung A die Möglichkeit ihres Gegenteils hinzufügt und dadurch nichts ausschliesst.

* There is no third party in Western Logic, every statement is either true or false. In Buddhist logic, both and as well as its negation is possible (catuskoti), since there is a holistic view. Nothing stands for itself; everything is dependent on and interacting with one another.

In Buddhism, this dynamic principle also led to the fact that the method of debate and argumentation was introduced as an essential factor in the intellectual training of monks in Tibet.

It should be noted here that this West-East comparison refers to the popular view of Western logic. Of course, the latest findings, especially from quantum theory, have led the Western logic to move closer to the Buddhist approach.

Tertium non datur

An essential difference is that in European logic since Aristotle, a two-valued basis has been established. There is no third. The principle of "contradiction to be avoided" thus occupies a central position.

$A \vee \neg A$ a statement (A) OR it's opposite ($\neg$ A) does not claim anything, because it adds the possibility of its opposite to the initial claim A and thereby excludes nothing.

Hier ist als eine gleichzeitige Betrachtung zweier gegeteiliger Aussagen (es ist oder es ist nicht) unmöglich, da dies keine Behauptung im Sinne der Logik ist.

$A \wedge \neg A$ eine Aussage (A) UND ihr Gegenteil ($\neg A$) weist jedwede Behauptung zurück, weil es der Anfangsbehauptung A ihr Gegenteil hinzufügt und damit A zurücknimmt. A ist und A ist nicht, ist daher nicht möglich.

Betrachtungsweise

Um die Bedeutung der Logik zu veranschaulichen sei hier nachfolgende kurze Grafik gezeigt.

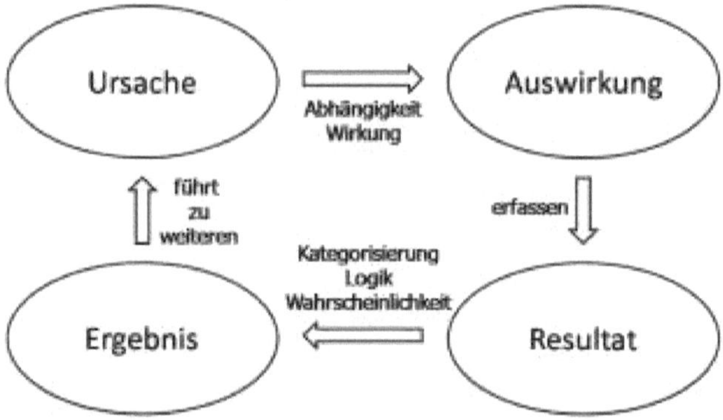

Phänomene sind immer in Abhängigkeit von anderen Phänomenen; daher spricht man von in Abhängigkeit entstehenden und bestehenden Daseinsformen (pratītyasamutpāda). Phänomene sind Ursachen für unterschiedlichste Phänomene und zeigen daher Wirkung.

A simultaneous consideration of two opposing statements (it is or it is not) is impossible here, since this is not an assertion in the sense of logic.

$A \wedge \neg A$ a statement (A) AND it's opposite ($\neg$ A) rejects any assertion because it adds it's opposite to the initial assertion A and thus takes A back. A is and is not, is therefore not possible.

Approach

In order to illustrate the meaning of the logic, the following short graphic is shown.

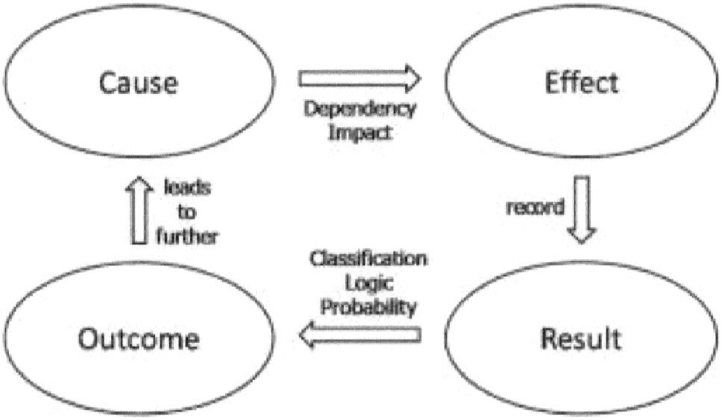

Phenomena are always dependent on other phenomena; therefore one speaks of dependently arising and existing forms of existence (pratītyasamutpāda). Phenomena are causes for a wide variety of phenomena and therefore have an effect.

Diese Auswirkung erfassen wir als Resultat und ordnen sie einer Ursache zu, d.h. wir kategorisieren sie und setzen sie in Beziehung zu anderen Phänomenen und Ereignissen. Dies kann grundsätzlich auf zweierlei Art geschehen; entweder durch logisches Schließen oder durch Abwägen von Wahrscheinlichkeiten.
In beiden Fällen bedienen wir uns der Logik unseres Verstandes. Und genau hier haben wir den wesentlichen Unterschied zum Verständnis einer uns ungewohnten und fremden Sichtweise. Hier beziehen sich Menschen mit westlichem kulturellen und geschichtlichen Hintergund auf die klassische europäische Logik und Menschen in Asien eben nicht.

Daher ist ein Studium der buddhistischen Logik so wichtig, da ansonsten ein möglicher Zugang und ein tieferes Verständnis der Lehre des Buddhismus nicht zielführend sind. Denn das Ergebnis entsteht aus der logischen Betrachtug und Schlussfolgerung in unserem Intellekt. Das Ergebnis ist hier somit unser persönliches Verständnis der Lehre des Buddha.

We record this effect as a result and assign it to a cause, i.e. we categorize them and relate them to other phenomena and events. This can basically be done in two ways; either by reasoning or by weighing probabilities.

In both cases we use the logic of our mind. And this is exactly where we have the essential difference to understanding an unfamiliar and strange point of view. Here people with western cultural and historical backgrounds refer to the classic European logic and people in Asia do not.

This is why a study of Buddhist logic is so important, otherwise a possible access and a deeper understanding of the teachings of Buddhism is not expedient. Because the result arises from the logical consideration and conclusion in our intellect. The result here is thus our personal understanding of the Buddha's teaching.

VERGLEICHSTABELLE
COMPARISION CHART

Sanskrit	*Pali*	*Chinesisch Chinese*	*Pinyin*
A			
abhāva	abhava	无有	wú yǒu
abhidharma	abhi dhamma	阿毗达磨 / 对法	ā pí dámó / duì fǎ
adveṣa	adosa	无瞋	wú chēn
agni	aggi	燃	rán
agnīndhana	aggīndhana	可燃	kě rán
ahaṃkāra	ahaṃkāra	我执 / 我慢	wǒ zhí / wǒ màn
ākāśa	ākāsa	虚空	xūkōng
ākāśagarbha	---	虚空藏	xūkōng cáng
akuśala	akusala	不善	bùshàn
ālayavijñāna	---	阿赖耶识 / 藏识	ālàiyéshí / cáng shí
anātman	anattā	无我	wú wǒ
aṅga	aṅga	支	zhī
anitya	anicca	无常	wúcháng
anubhāva	anubhāva	威神	wēi shén
anumāna	anumāna	比量	bǐ liang
anutpāda / anutpanna	---	无生	wú shēng
anuttarayoga	anuttara yoga	无上瑜伽	wú shàng yújiā
anuttarayoga tantra	anuttara yoga tanta	无上瑜伽檀特罗	wú shàng yújiā tántèluó
anvayavyāpti	---	肯定论证	kěndìng lùnzhèng
apratyaya	apaccaya	无缘	wú yuán
arya	ariya	圣	shèng

Sanskrit	*Pali*	*Chinesisch Chinese*	*Pinyin*
Ārya śālistamba nāma mahāyāna sūtra	---	稻秆经 / 佛说大乘稻芉经	dào gǎn jīng / fú shuō dàchéng dào gān jīng
aryasatya	ariyasacca	圣谛	shèng dì
āryāṣṭāṅga mārga	ariya aṭṭhaṅgika magga	八正道	bā zhèngdào
asaṃskṛta dharma	asaṅkhata dhamma	无为法	wúwèi fǎ
asat	---	无有	wú yǒu
astitva	---	存在现实	cúnzài xiànshí
ātmā	atta	我	wǒ
ātman	attan	我	wǒ
ātma vādopādāna	atta upādāna	我語取	wǒ yǔ qǔ
avidyā	avijjā	无明	wú míng
B			
bandhana	bandhana	缚	fù
bhava	bhava	有	yǒu
bhāvanā	bhāvanā	修习	xiū xí
bhavāṅgasota	bhavaṅga sota	潜意识连续体	qiányìshí liánxù tǐ
Bhāvaviveka	---	清辯	qīngbiàn
bījaniyāma	bījaniyāma	种子 决定	zhǒngzǐ juédìng
bodhi	bodhi	菩提 / 觉	pútí / jué
Bodhidharma	---	菩提达磨	pútí dá mó
bodhisattva	bodhisatta	菩萨	púsà
bodhisattva marga	bodhisatta magga	菩萨道	púsà dào
Buddhapālita	---	佛护	fú hù
C			
cakṣurindriya	cakkhundriya	眼根	yǎn gēn
Candrakīrti	---	月称	yuè chēng
caryā	cariya	行为	xíngwéi

Sanskrit	***Pali***	***Chinesisch Chinese***	***Pinyin***
caryātantra	cariyatanta	檀特罗	xíngwéi tántèluó
caturlakṣaṇa	catutilakkhaṇa	四相	sì xiāng
catuṣkoṭi	catuṣkoṭi	四句	sì jù
catvāryārya satyāni	cattāri ariyasaccāni	四圣谛	sì shèng dì
cetanā	cetanā	思	sī
cittamātra	---	唯心	wéixīn
cittaniyāma	cittaniyāma	心	xīn
D			
dharma	dhamma	法 / 佛法	fǎ / fó fǎ
Dharmakīrti	---	法称	fǎ chēng
dharma niyāma	dhamma niyāma	法决定	fǎ juédìng
dharmin	---	具有特性的現象	jùyǒu tèxìng de xiànxiàng
dhātu	dhātu	界	jiè
Dignāga	---	陈那	chén nà
doṣa	dosa	过	guò
dṛṣṭi	diṭṭhi	见	jiàn
dṛṣṭyupādāna	diṭṭhy upādāna	见取	jiàn qǔ
duḥkha	dukkha	苦	kǔ
duḥkha nirodha	dukkha	灭苦	miè kǔ
dvādaśa	dvādasa	十二	shí èr
dvādaśāṅga	dvādasāṅga	十二部经	shí èr bù jīng
dvaidhībhāva	---	划分有	huàfēn yǒu
dveṣa	dosa	瞋	chēn
G			
gandharva nagaraṃ	gandhabba nagaraṃ	干闼婆市 / 中蕴有情市	gāntà pó shì / zhōng yùn yǒuqíng shì
gatāgata	gatāgata	来去	lái qù
gelugpa	---	格鲁派	gé lǔ pài

Sanskrit	***Pali***	***Chinesisch Chinese***	***Pinyin***
H			
hastikakşya nāma mahāyāna sūtra	---	大乘经 大象的力量	dàchéng jīng dà xiàng de lìliàng
hetu	hetu	因	yīn
hetupratyaya	hetupaccaya	因缘	yīn yuán
hetuvidyā	---	因明	yīn míng
hinayana	---	小乘佛教	xiǎo shèng fójiào
I			
indhana	indhana	燃料	ránliào
J			
jarā	jarā	老	lǎo
jāti	jāti	生	shēng
jñāna	ñāṇa	智	zhì
jñānayoga	ñāṇayoga	智瑜伽	zhì yújiā
K			
kagyupa	---	噶举派	gá jǔ pài
kāla	kāla	期间	qíjiān
kālatraya	kālatraya	三期间	sān qíjiān
kalpana	kalpana	分别	fēnbié
Kamalaśīla	---	莲花戒	liánhuā jiè
kāmopādāna	kāmopādāna	欲取	yù qǔ
karma	kamma	业	yè
karmacetanā	karmacetanā	业思	yè sī
karmakāraka	---	演员与活动	yǎnyuán yǔ huódòng
karmaniyāma	kamma niyama	业决定	yè juédìng
karuṇā	karuṇā	悲	bēi
kleśa	kilesa	烦脑	fán nǎo
koṭi	koṭi	俱胝	jù zhī
kriyā	kiriya	实施	shíshī
kriyātantra	kiriyatanta	实施檀特罗	shíshī tán tè luó

Sanskrit	*Pali*	*Chinesisch Chinese*	*Pinyin*
kṣaṇikavāda	---	刹那论	chànà lùn
kṣānti	khanti	忍辱	rěn rǔ
kuśala	kusala	善	shàn
L			
lakṣaṇa	lakkhaṇa	相	xiāng
liṅga	liṅga	相 / 生支	xiāng / shēng zhī
loka saṃvṛti	loka sammuti	世界世俗 / 世间世俗	shìjiè shìsú / shìjiān shìsú
loka vyavahāra	---	世界世俗俗谛 / 世界世俗言语 / 世间世俗俗谛 / 世间世俗言语	shìjiè shìsú sú dì / shìjiè shìsú yányǔ/ shìjiān shìsú sú dì / shìjiān shìsú yányǔ
M			
mādhyamaka	---	中观学派	zhōng guān xuépài
mahābhūta	mahābhūta	大种/四大	dà zhǒng/sì dà
mahāyana	---	大乘佛教	dà shèng fójiào
manana	---	思考 / 反思	sīkǎo/ fǎnsī
manas	manas	意	yì
Mañjuśrī	---	文殊	wénshū
manovijñāna	manoviññāṇa	意识	yìshí
mithyādṛṣṭi	micchādiṭṭhi	恶见 / 邪见	è jiàn/ xiéjiàn
mokṣa	mokkha	解脱	jiětuō
mūla kleśa	mūla kilesa	根本烦恼	gēnběn fánnǎo
mūla mādhyamaka kārikā	---	中论	zhōng lùn

Sanskrit	*Pali*	*Chinesisch Chinese*	*Pinyin*
N			
na vidyate	---	莫名其妙的	mòmíng qí miào de
Nāgārjuna	---	龙树	lóng shù
nāmarūpa	nāmarūpa	名色	míng sè
nāstitva	---	无存在现实	wú cúnzài xiànshí
nidāna	nidāna	因脱 / 尼陀那	yīn tuō/ ní tuó nà
nididhyāsana	---	理解 / 内在体验 / 冥想	lǐjiě/ nèizài tǐyàn/ míngxiǎng
niḥsvabhāva	---	无自性 / 无性	wú zì xìng/ wú xìng
nirodha	nirodha	灭	miè
nirvāṇa	nibbāna	涅槃	nièpán
nirvikalpa	nibbikappa	无分别	wú fēnbié
nirvikalpa jñāna	nibbikappa ñāṇa	无分别智	wú fēnbié zhì
niyāma	niyāma	决定	juédìng
nyāya	ñāya	正理论	zhèng lǐ lùn
nyingma	---	宁玛派	níng mǎ pài
P			
pakṣa	---	宗	zōng
pakṣa dharmatā	---	宗法性	zōng fǎ xìng
Pali	Pali	巴利语	bā lì yǔ
pāpa	pāpa	恶 / 罪	è / zuì
parabhāva	---	外部确定的实体	wàibù quèdìng de shítǐ
paramārtha satya	paramattha sacca	眞谛 / 第一义谛	zhēndì / dì yī yì dì
pāramitā	pāramī	波罗蜜	bōluómì
parāpara siddha		上下成就	shàngxià chéngjiù
paratantra	paratanta	依他起性	yī tā qǐ xìng

Sanskrit	*Pali*	*Chinesisch Chinese*	*Pinyin*
parāthānuma nam	---	三段论	sān duàn lùn
parīkṣā	---	元论	yuán lùn
parinirvāṇa	parinibbāna	般涅槃	bān nièpán
phala	phala	果	guǒ
prajñā	paññā	般若 / 慧	bōrě / huì
prajñā pāramitā	paññāpāramī	般若波罗蜜多	bōrě bōluómì duō
pramāṇa	pramāṇa	量	liang
pramāṇa samuccaya	---	集量论	jí liàng lùn
prameya	---	假设	jiǎshè
prasaṅgika mādhyamaka	---	相关中观学派	xiāngguān zhōng guān xuépài
praśrabdhi	passaddhi	轻安	qīng ān
pratītya samutpāda	paṭicca samuppāda	缘起	yuán qǐ
pratyakṣa	---	现量 / 直接感知	xiàn liàng / zhíjiē gǎnzhī
pratyakṣa pramāṇa	---	有效知识	yǒuxiào zhīshì
pratyaya	paccaya	缘	yuán
prayoga	---	加行	jiā xíng
pudgala	puggala	人 / 补特伽罗	rén / bǔ tè jiā luō
puṇya	puñña	福	fú
puṇya saṃbhāra	---	福德资粮	fú dé zī liáng
pūrvāpara	---	遲早	chí zǎo
R			
rāga	rāga	贪	tān
rūpa	rūpa	色	sè
S			
śabda	sadda	声	shēng

Sanskrit	***Pali***	***Chinesisch Chinese***	***Pinyin***
sadasat	sadasat	真实与虚幻	zhēnshí yù xūhuàn
sādhya dharma	---	所立 / 所成立	suǒ lì / suǒ chénglì
Śālistamba sūtra	---	稻秆经	dào gǎn jīng
samādhi	samādhi	三昧 / 参禅 / 观 / 定	sānmèi / cānchán / guān / dìng
sāmagrī	---	完整的收藏	wánzhěng de shōucáng
śamatha	samatha	止	zhǐ
saṃbhava	---	天生 / 存在	tiānshēng / cúnzài
saṃjñā	saññā	想	xiǎng
saṃkalpa	sankappa	思	sī
saṃsāra	saṃsāra	輪迴 / 生死輪迴	lúnhuí / shēngsǐ lúnhuí
saṃsarga	---	总相	zǒng xiāng
saṃskāra	saṅkhāra	行	xíng
saṃskṛta	---	有爲	yǒu wèi
saṃskṛta dharma	---	有爲法	yǒu wèi fǎ
saṃtāna	santāna	相续	xiāng xù
saṃvṛtisatya	sammutisacca	世俗谛 / 俗谛	shìsú dì / sú dì
samyagājīva	sammā ājīva	正命	zhèng mìng
samyagdṛṣṭi	sammā diṭṭhi	正见	zhèng jiàn
samyag vyāyāma	sammā vāyāna	正精进	zhèng jīng jìn
samyak karmānta	sammā kammanta	正业	zhèng yè
samyak samādhi	sammā samādhi	正定	zhèng dìng
samyak saṃkalpa	sammā sankappa	正思	zhèng sī
samyaksmṛti	sammā sati	正念	zhèng niàn

Sanskrit	***Pali***	***Chinesisch Chinese***	***Pinyin***
samyakvācā	sammā vāca	正语	zhèng yǔ
saṅgati	---	一切之间的联系	yīqiè zhī jiān de liánxì
sangha / saṃgha	saṅgha	僧伽	sēng jiā
Śāntarakṣita	---	寂护	jìhù
Śāntideva	---	寂天	jìtiān
sapakṣa	---	**同品**	tóng pǐn
Śāriputra	Sāriputta	舍利弗	shèlì fú
sarvāstivāda	---	说一切有部 / 萨婆多部	shuō yīqiè yǒu bù / sà pó duō bù
śāśvata	sassata	常	cháng
śāśvatānta	sassata	常边	cháng biān
śāśvatavāda	sassatavāda	常边论	cháng biān lùn
sat	sat	有	yǒu
sattva	satta	有情 / 众生	yǒuqíng / zhòngshēng
satya	sacca	谛	dì
sautrāntika	---	经量部	jīng liàng bù
śīla	sīla	戒	jiè
śīla vratopādāna	---	禁 / 戒取	jìn / jiè qǔ
skandha	khandha	蕴	yùn
smṛti	sati	念	niàn
sparśa	phassa	触	chù
śraddhā	saddhā	信	xìn
śrāvaṇa	---	学习 / 知识 / 听力	xuéxí / zhīshì/ tīnglì
sthiti	ṭhiti	住	zhù
sukha	sukha	乐	lè
śūnya	---	空的	kōng de
śūnyatā	---	空	kōng
śūnyatā saptati	---	关于空虚七十诗节	guānyú kōngxū qīshí shī jié

Sanskrit	*Pali*	*Chinesisch Chinese*	*Pinyin*
sūtrapiṭaka	suttapiṭaka	经藏	jīng zàng
svabhāva	svabhāva	自性	zìxíng
svalaksana	---	自相	zì xiāng
svātantrika	---	自续	zì xù
svayaṃbhū	---	斯瓦扬布	sī wǎ yáng bù
T			
tathatā	---	眞如	zhēn rú
tathatā garbha	---	如來藏	rúlái cáng
tathatāgata	tathatāgata	如来	rúlái
tattva	---	实相	shí xiāng
trikāla	tikāla	三世	sān shì
tri mūla	tri mūla	三本	sān běn
trilakṣaṇa	tilakkhaṇa	三相	sān xiàng
triratna	ratnatraya	三宝	sānbǎo
tṛṣṇā	taṇhā	爱	ài
U			
uccheda	---	断	duàn
ucchedānta	---	断边	duàn biān
upādāna	upādāna	取	qǔ
upādāna skandha	upādāna kandha	取蘊	qǔ yùn
utuniyāma	---	无机的约束	wújī de yuēshù
V			
vaibhāṣika / (sarvāstivāda)	---	毗婆沙部	pí pó shā bù
vairāgya	virāga	离染/离欲 / 无欲	lí rǎn/lí yù/ wúyù
vajrayana	---	金刚乘	jīngāng chéng
vātsīputriya	vajjiputtakā / vajjiputtiyā	犊子部	dú zǐ bù
vedanā	vedanā	受	shòu
vibhava	---	歼灭 / 破坏	jiānmiè / pòhuài
vidyā	vijjā	明	míng

Sanskrit	***Pali***	***Chinesisch Chinese***	***Pinyin***
vidyā saṃkalpa	vijjā sankappa	明正思	míngzhèng sī
vigraha vyāvartanī	---	驳回指控	bóhuí zhǐkòng
vijñāna	viññāṇa	识	shí
vijñānavāda / cittamātra	---	唯识	wéishí
vikalpa	vikappa	分别	fēnbié
vinaya	vinaya	律	lǜ
vipakṣa	---	异品 / 所对治	yì pǐn / suǒ duì zhì
viparyāsa	vipallāsa	顚倒	diān dào
vipaśyanā	vipassanā	观	guān
vyāpti	---	遍 / 遍至	biàn / biàn zhì
vyatirekavyāpti	---	离作法遍	lí zuòfǎ biàn
Y			
yathābhūtam	---	根据事实	gēnjù shìshí
yoga	yoga	瑜伽	yújiā
yogācāra	---	瑜伽行派	yújiā xíng pài
yogatantra	yogatanta	檀特罗	tán tè luó

Da es bereits eine Vielzahl unterschiedlicher Wörterbücher und Lexika des Buddhismus gibt wurde in diese Tabelle keine Übersetzung aufgenommen. Diese Tabelle soll lediglich die Zuordnung der Begriffe in den drei wesentlichen Sprachen des Buddhismus erleichtern.

Since there are already a large number of different dictionaries and lexicons of Buddhism, no translation has been included in this table. This table is only intended to facilitate the assignment of the terms in the three essential languages of Buddhism.